JIYU NONGCUN GUFEN HEZUO DE
ZHONGGUO TESE XINXING CHENGZHENHUA DAOLU YANJIU

U0838995

基于农村股份合作的中国特色新型城镇化道路研究

陈俊梁◎著

北京师范大学出版集团
BEIJING NORMAL UNIVERSITY PUBLISHING GROUP
安徽大学出版社

图书在版编目(CIP)数据

基于农村股份合作的中国特色新型城镇化道路研究/陈俊梁著. —合肥：安徽大学出版社，2022.4
ISBN 978-7-5664-2372-6

Ⅰ. ①基… Ⅱ. ①陈… Ⅲ. ①城市化—研究—中国Ⅳ. ①F299.21

中国版本图书馆 CIP 数据核字(2021)第 279562 号

基于农村股份合作的中国特色新型城镇化道路研究 陈俊梁 **著**

出版发行： 北京师范大学出版集团
安 徽 大 学 出 版 社
(安徽省合肥市肥西路 3 号 邮编 230039)
www.bnupg.com.cn
www.ahupress.com.cn
印　　刷： 合肥创新印务有限公司
经　　销： 全国新华书店
开　　本： 170mm×240mm
印　　张： 12.5
字　　数： 190 千字
版　　次： 2022 年 4 月第 1 版
印　　次： 2022 年 4 月第 1 次印刷
定　　价： 39.00 元
ISBN 978-7-5664-2372-6

策划编辑： 范文娟　　**装帧设计：** 李　军　孟献辉
责任编辑： 范文娟　　**美术编辑：** 李　军
责任校对： 汪　君　　**责任印制：** 陈　如　孟献辉

前　言

2020年是国际局势风云突变的一年。当历经40多年改革探索的中国以昂扬的姿态迈步走向世界前列的时候，作为头号世界强国的美国对快速赶上的中国开始了全方位的封堵，从贸易战到技术封锁，从不断升级的南海挑衅到台湾海峡的刀光剑影，中国面临着40多年来最为复杂的国际环境。再加上COVID－19肆虐全球，世界遭遇到1929－1933年以来最大范围、最深程度的经济衰退。可以说，中国过去快速发展所依赖的国际经济大循环格局受到了极大的破坏，一些国家奉行的贸易保护主义、单边主义、狭隘的民族主义使国际经济大循环的前景充满不确定性。在这样的背景下，中国政府提出了“以国内大循环为主体、国内国际双循环相互促进的新发展格局”。可以预见，“以国内大循环为主”将是未来中长期我国经济发展的重要特征。但是，“国内大循环”能否建立起来并良性发展，能否维持中国经济保持较高速度增长，这是摆在14亿中国人面前的现实问题。

值得庆幸的是，中国是一个地域辽阔、人口众多、工业体系相对完备的国家，是一个数亿人口正在实现城镇化的国家，是一个有着巨大消费潜力的国家，所有这些都为中国不畏强权，建立稳定、繁荣、可持续的“国内大循环”奠定了坚实的基础。其中，中国正在稳步推进的城镇化将成为中国建立“国内大循环”的助推器和动力源，将成为中国抵御封堵、以时间换空间的重要利器，将成为中国在未来10年中国经济稳定增长的基石。当然，这一切还有赖于我们能够找到一条适合中国国情的新型城镇化道路，这条道路要确保中国社会长期稳定，要确保中国粮食安全、经济安全、社会安全。本书正是欲在中国特色新型城镇化道路选择上进行一些基于农村股份合作视角的探索。

城镇化（urbanization/urbanisation）在西方被称为“城市化”，是指随着一个国家或地区社会生产力的发展、科学技术的进步及产业结构的调整，其社会由以农业为主的传统乡村型向以工业（第二产业）和服务业（第三产业）等非农产业为主的现代城市型逐渐转变的历史过程，通俗地说，就是一个农村人口源源不断进入城市、农业人口转化为非农业人口、农业地域转化为非农业地域、农村生活方式转化为城市生活方式的过程。纵观人类历史，虽然城市在原始社会末期就已经出现，但是在相当长的历史时期内，城市的发展和城市人口的增加极其缓慢。直到1800年，全世界的城市人口只占总人口的3%。在随后的200年间，伴随着工业革命的演进与发展，城镇化迅速走进人们的视野，城镇化水平成为现代社会衡量一个国家现代文明发展程度的重要指标。

中国的城镇化起步较晚，中间经历了许多波折，直到20世纪90年代以后，才进入相对稳定且快速发展的时期。到2019年年末全国大陆总人口140005万人，比上年末增加467万人。其中，城镇常住人口84843万人，占总人口的比重（常住人口城镇化率）为60.60%，比上年末提高1.02个百分点。户籍人口城镇化率为44.38%，比上年末提高1.01个百分点。与发达国家80%以上的城镇化率相比，我们有两点启示：第一，未来还有20%以上的城镇化发展空间，也就是说，还有3亿以上的人口要走向城市，这是“国内大循环”所依赖的投资需求和消费需求的重要来源；第二，中国的户籍城镇化率只有44.38%，也就是说，按我们目前的城镇人口统计口径中，还有大约四分之一的人属于常住城镇的农村人口，他们的城镇身份认同还不够清晰，他们属于半数以上时间在城镇工作、生活，但与农村还有扯不断的联系、经常奔波于城乡之间的半城镇化人口。这些人如果扎根于城镇也会形成巨大的投资需求和消费需求。总而言之，中国正处在城镇化发展的关键时期，城镇化所产生巨大需求将可以支撑中国在未来10～20年的经济社会发展。

当然，从国外城镇（市）化实践来看，并非所有的城镇（市）化都是成功的，并非所有的城镇化都可以为国内经济增长提供可持续的社会需求。拉美国家落入“中等收入陷阱”就是一个明显的例子。不成功的城镇（市）化将造就大量的城市“贫民窟”和严重的社会贫富对立。在这种情况下，虽然农民进入城市了，但是大量的落入“贫民窟”的城市贫民并不能形成可持续的有效需求（投资需求和消费需求），并不能产生刺激社会发展和进步的推动力。这也正是拉美国家迟迟不能走出“中等收入陷阱”的重要原因。我国作为发展中国家要充分发挥后发优势，切实走出一条有别于西方、不同于拉美的具有中国特色的新型城镇化道路。

笔者作为一名工作、生活在城镇化程度较高的东部沿海发达地区的“三农”学者，长期跟踪研究国内外城镇化理论与实践，尤其是以极大热情关注苏南地区城镇化过程中的诸多改革举措及其成效，本书正是笔者多年观察、研究、思考的成果。本书通过对城镇化理论与实践的梳理，通过调查、研究与推理得到一个结论，即，在中国特定的制度文化情境下，以农村股份合作组织为载体，可以确保在城镇化过程中整个社会的平稳、有序、和谐、自然状态，可以有效破解城镇化过程中土地制度难题、集体财产分配难题、农民共同富裕难题。本书将围绕这一结论分十章层层展开讨论，如有不当之处，敬请批评指正。

需要特别说明的是：第一，本书观点仅是个人研究思考的结果，文责自负。读者可以认同，也可以有不同观点，希望真理越辩越明。第二，笔者在论述过程中，引用了不少学者的观点论述，这些观点论述给了作者许多启发，在此深表谢意。同时，笔者在注释和文尾的参考文献中作出说明，如有疏漏，笔者将及时纠正。第三，本书在书稿写作、校对过程中得到研究生林影、史欢欢等同学的热情帮助与支持，在此深表谢意。第四，本书在出版过程中得到安徽大学出版社李君编辑、范文娟编辑的热忱帮助和诸多合理建议，在此表示深深谢意。

最后，在这多事之秋，笔者衷心祝福我们伟大的祖国国泰民安，祝福亲爱的读者朋友家庭美满！

陈俊梁

2021 年国庆于太湖之滨听雨斋

目　录

第一章
绪论

第一节　城镇化是一个中国特色的理论与实践问题

诺贝尔经济学奖获得者、世界银行前高级副行长、美国哥伦比亚大学教授约瑟夫·斯蒂格利茨说过："21世纪影响人类社会生存和发展进程的两件大事是中国的城镇化和美国的高新技术革命。"在国际政治经济格局发生重大调整，在我国全面建成小康社会、跨越"中等收入陷阱"的关键时期，我们需要从战略高度审视中国特色新型城镇化这一重大问题。

一、城镇化是一个中国特色的概念

中国的文字语言表达体系丰富而深刻，同一个词语在不同的语境中可以表示不同的含义，不同的词语在不同的组合环境下既可以表示相同的含义也可表示不同的含义。譬如，同一个词语"东西"在某种语境下表示方位，在另外一些语境下则表示对象物品（如，杂七杂八的东西）；再如，不同的词语"妈"与"娘"在有些组合环境下表示相同的含义，在有些组合环境下则表示不同的含义（"我妈"与"我娘"表示相同的含义，"姑娘"与"姑妈"则是截然不同的意思)。其实,城市化、城镇化、都市化也是如此。

(一)关于"urbanization"

在现代汉语中,城市化、都市化、城镇化是出现频率相当高的词汇,它们之间有何区别呢?这也是一个中国特色的问题。因为,在英语中,它们都对应着同一个单词urbanization。从内涵上来讲,urbanization至少有两层内涵。一是人口从乡村向城市、城镇集中的过程。以库茨涅兹为代表的一些学者,就是从这个角度来定义urbanization的。这个概念已广泛地为人们所熟知,但它仍是一种浅层次的定义,因为它没有涉及在人口结构分布变化背后隐藏的经济结构变化本质;二是克拉克将urbanization定义为第一产业人口向第二、三产业人口转换的过程,即科学技术进步推动了一个国家或地区社会生产力水平提高,直接导致其社会产业结构及社会形态发生调整、变革,这种调整、变革一般是由以农耕文明为主的传统农业社会向以城市文明为主的现代工业社会逐渐变化的历史过程。其产业结构也由以第一产业(农业)为主,逐渐蜕变为以第二产业(工业)和第三产业(服务业)等非农产业为主。

英语中Urban是一个外延广泛的概念,可以涵盖city(城市),也可涵盖town(城镇)。因此,urbanization是一个人口从农村大量流向城市或城镇的过程,是整个社会第二、三产业兴旺发达的过程,也是一个社会政治经济活动的中心从农村转入城镇的过程。在以英国、美国及欧洲大陆国家为代表老牌资本主义国家,由于诸多因素的综合作用,其urbanization过程都表现为大量非农产业向大城市集聚,同时吸纳大量人口向大城市集中,从而造就了纽约、巴黎、伦敦等大都市的迅速崛起和膨胀,成为典型的、传统的以大城市为中心的urbanization模式。在那个时代,大城市对传统农村社会的改造力度是非常大的,小城镇的作用常常被忽视,居于相对次要的位置。小城镇在urbanization过程中的作用是直到20世纪末期才在中国特殊国情条件下被发现和认可。

城镇化,也称城市化(urbanization),指的是在一个国家或地区社会生产力不断发展、科学技术不断进步及产业结构相应调整的过程中,随之而产生的其社会由以农业为主的传统乡村型向以工业和服务业等非农产业为主的现代城市型转变的复杂历史过程。实际上，城市化的概念既是一个历史范畴，更是一个不断发展的概念。1867 年，西班牙城市规划师依勒德丰索·塞尔达在其著作《城市化基本理论》中首次提出了城市化这一基本术语。此后，欧美国家学者对城镇化的概念特征进行了较多研究，不断丰富和拓展了城镇化的概念。美国著名人口学家赫茨勒指出，城市化就是人口从乡村流入大城市及人口在大城市的大量聚集①。美国学者沃纳·赫希把城市化理解为，乡村人口向城市转移的过程或城市人口在总人口中的比重不断扩大的过程②。城市社会学创始人路易斯·沃思(Louis Wirth)认为，城市化是农村的日常生活习俗、习惯、制度等方面不断向城镇生活方式质变的过程③。不同学科对城镇化概念的理解也不尽相同：经济学认为城镇化是农村经济向城市经济的转化，是劳动力向第二、第三产业不断转移的过程；地理学强调城镇化是农村区域或自然区域转变为城市地区的过程；历史学将城镇化理解为人类从区域文明向世界文明过渡中的社会经济现象，或者说是从农业文明过渡到工业文明的过程；生态学则认为城镇化过程就是生态系统的演变过程；而社会学从社会关系和组织变迁的角度定义城镇化。综上，城镇化是一个处于不断发展过程中的多元化概念，它涉及经济、社会、人文、历史等诸多方面，有着丰富而深刻的内涵。

欧美发达国家在 20 世纪就基本完成了城镇化进程，而我国作为发展中国家，城镇化建设起步较晚，同时面临着来自外部和内部的许多严峻挑战。由于所处的历史时期和国际环境已经发生巨大改变，各国经济发展状况也不尽相同，完全照搬发达国家的城镇化模式是不合理的。因此，我国在传统城镇化道路的基础上进行了因地制宜的创新，提出了新型城镇化的发展理念。2012 年中央经济工作会议公报中首次提出了新型城镇化的概念，“要把生态文明理念和原则全面融入城镇化全过程，走集约、智能、绿色、低碳的新型城镇化道路”，同时对新型城镇化的内涵进行了阐述，要构建科学合理

① 赫茨勒. 世界人口的危机[M]. 何新译. 北京：商务印刷馆. 1963：6.

② 沃纳·赫希. 城市经济学[M]. 刘世庆译. 北京：中国社会科学出版社. 1990：2.

③ 张荣天. 国内外城镇化研究述评[J]. 中国名城. 2018(02)：4～11.

的城市格局，大中小城市和小城镇、城市群要科学布局，与区域经济发展和产业布局紧密衔接，与资源环境承载能力相适应，要把有序推进转移人口市民化作为重要任务抓实抓好。

（二）城镇化是在什么背景下提出来的

与西方城市化的背景不同，当我国20世纪80年代初真正意义上的城镇化刚发轫的时候，我们国家尚实行以计划经济为主要经济特征的社会主义制度——在经济和社会管理领域仍然实行中央计划控制的城乡分治管理体制。城乡之间巨大的发展差距使中央政府不敢盲目地扩张大城市发展，生怕计划体制赋予城市的福利成为一种严重的、不可卸载的负担。另外，农村的贫穷与落后，使农村具有更强的破除樊篱的冲动。这种客观现状使中国的城镇化过程与西方国家具有显著的差异，中国表现出更多town型的城镇化路径。

我国是农业大国，农民群体基数庞大，这一基本国情决定我国不能全面借鉴发达国家大城市化的经验，而要在数量众多的“镇”上寻求新的突破口，于是，城市边缘的“镇”便成为联结工业文明与农业文明的窗口，中国的城市化进程就从小城镇开始起步了。1979年，南京大学吴友仁先生发表《关于我国社会主义城市化问题》一文后，中国的城市化问题开始成为理论研究和实践探索的热点。1983年，费孝通先生提出“小城镇，大问题”的观点之后，人们开始关注小城镇在中国经济社会发展中的地位与作用。1991年，辜胜阻教授在《非农化与城镇化研究》一文中认可并运用了“城镇化”概念，主张以“城镇化”作为中国特定国情条件下的社会转型名称，以示与西方国家城市化的区别。

（三）中国关于城镇化与城市化的争论

中国改革开放之初，相对于管控严格的大中城市，小城镇作为联系城乡的关键节点最先焕发出生机与活力，成了中国独特的城镇化发展特征。因此，学界掀起了关注、研究小城镇发展的热潮。中国社会科学院、中国人民大学、浙江大学、苏州大学等纷纷设立了中国小城镇发展研究中心。这种独特的人文、社会环境，使学界对“urbanization”的翻译产生了影响。

传承西方“都市优先”的 urbanization 发展思路，在日本（受汉语影响非常大）、我国台湾地区均将其译为“都市化”，以彰显其大城市扩张优先的转型模式。然而，在我国大陆地区，urbanization 发端于小城镇（town）。因此，我国大陆地区许多学者将其翻译为“城镇化”。应该说，这种翻译模式反映出，我国在 urbanization 发展过程中更多倚重于中小城镇先行先试的特点。因此，这种称谓也有其合理性。

中国的 urbanization 究竟是城市化还是城镇化，二者到底有多少区别，学界曾经争论不休。1982 年，中国城市与区域规划学界和地理学界相关学者齐聚南京，共同召开了“中国城镇化道路问题学术讨论会”，在此次会上经过充分讨论，形成初步共识——城市化与城镇化为同义语。为避免引起争议与误解，建议此后以“城市化”替代“城镇化”，以期与国际接轨。但是，由于中国小城镇率先发展并表现出巨大的作用和影响力，“城镇化”的说法更加深入人心并逐渐得到学界认可。

进入 21 世纪后，中国经济社会已经有了较大发展，城镇化何去何从成为中国必须面对的突出问题。2000 年 10 月 11 日，中共中央第十五届五中全会召开，会上通过了《关于制定国民经济和社会发展第十个五年计划的建议》。在这份历史性的文件中，中共中央第一次在中央正式文件中采用了“城镇化”一词。这份建议里专门用 500 多字阐述“积极稳妥地推进城镇化”的战略方针。时任国务院总理的朱镕基在对该建议进行说明时要求，“中国的城镇化不能照搬别国的模式，必须从自己的国情出发，走有中国特色的城镇化道路”。接下来，2001 年 3 月全国人民代表大会和全国政治协商会议审议通过了《中华人民共和国国民经济和社会发展第十个五年计划纲要》。该纲要首次提出“要不失时机地实施城镇化战略”。这是政府官方文件首次将“城镇化”提升到战略高度。此后，“城镇化”成为中国对 urbanization 的官方正式称谓，从而给“城镇化”与“城市化”之争画上句号。

(四)笔者对城镇化的界定

从以上简要回顾,我们不难看出,中国的城镇化是一个具有中国时代特色和国情特色的历史性过程,深深地烙印着不同阶段我国改革开放的印记。虽然说"城市化"与"城镇化"在本质上说并没有什么差异,反映的都是在生产力充分发展之后,农村人口不断转移、逐步集中的过程,但从表象上来看,城镇化这个称谓更能体现中国的特殊历史背景和表现形式。本书作为研究中国特色城镇化之路的著作,当然要立足于中国实际,反映中国特征。因此,本书在讲国内的城镇化情况时一般用城镇化一词,讲国外的城镇化情况时一般用城市化一词,二者内涵一致,只是应用场景不同。另外,叫什么名不重要,如何平稳、顺利地推进并实现城镇化这一历史性进程才是我们关注的重点。

另外,笔者还认为,城镇化是一个农村人口不断向城镇集中的过程;是一定区域的政治功能、经济功能、文化功能、社会功能及居住和消费功能向城镇聚集的过程;是国民生产、生活方式由自给自足的松散型联合体向相互依托、互助共生的紧密型社会化生存方式转变的过程;是产业结构由以第一产业为主向以第二、第三产业为主过渡的过程;是一个统筹兼顾,同时在不同阶段有不同侧重的过程;是一个自发的演进过程,也是一个适度主动选择的过程。我们不应该简单地把"城市化"片面理解为重点发展大中型城市,也不应该把"城镇化"片面地理解为只一心扶持发展小城镇,而是在社会发展的不同阶段,关注的重点有可能不同。

二、城镇化是当今中国必须面对的重大问题

城镇化是经济社会发展到一定阶段的必然产物。当生产力发展到一定程度,社会分工发达了,商品交换普遍了,基于规模经济与趋利动机的追求,人口、产业必然会发生集聚,城镇必然成为社会的主体形态和活动中心,城镇化必然会发生,这是不以人的意志为转移的。只不过,城镇化过程产生的阵痛,以及对社会的影响是截然不同的,处理不当就会出现"羊吃人"和城市"贫民窟"泛滥现象。如今,中国的城镇化进程已经进入关键的"下半场",如

何妥善解决“上半场”遗留的历史问题，如何积极稳妥地完成“下半场”的任务，这是值得讨论的问题。

（一）中国城镇化任重而道远

近代中国的城镇化始于晚清洋务运动之后。伴随着官办工业、民族工业的兴起，中国沿海地区、沿长江地区出现了比较明显的工业集聚，军工、造船、纺织、采矿等工商业初具规模，吸引了大量农村人口进入城镇，现代城市开始萌生。到中日甲午战争前的1893年，中国城镇人口已经达到2351万，约占全国总人口的6%[①]。之后，中国社会进入半个多世纪动荡不安的战乱时期，中国的城镇化步伐走走停停，缓慢发展，中华人民共和国成立时，中国的城镇化率只有10.64%[②]。中华人民共和国成立后，我国城镇化步伐有所加快，但发展极不均衡，时快时慢，有时甚至倒退，这一时期的城镇化脚步总体上受计划经济调控，到1978年，我国的城镇化率仍然只有17.92%[③]。

改革开放之后，随着我国逐步摸索出有中国特色的社会主义市场经济道路，我国的城镇化步伐逐步加快，尤其是进入21世纪以来，城镇化进入加速发展期，目前正处在由加速期向攻坚期转变的关键时期，也就是由城镇化的“上半场”转向“下半场”的关键时期。城镇化过程中容易解决的矛盾问题，前期已经解决，剩下的都是涉及体制、机制的困难问题，因此，城镇化“下半场”的任务尤其艰巨。截至2019年年末，中国大陆总人口140005万人，比上年末增加467万人。其中，城镇常住人口84843万人，占总人口比重（常住人口城镇化率）为60.60%，比上年末提高1.02个百分点。户籍人口城镇化率为44.38%，比上年末提高1.01个百分点[④]。从数量上来看，与已经实现现代化的发达国家平均80%左右的城镇化率相比，我国常住人口城

① 贾彩彦.中国晚清时期城镇化的状况及思想[J].上海经济研究.2003(05):74～79.

② 国家统计局.中国统计年鉴(2017)[M].北京:中国统计出版社.2017:308.

③ 国家统计局.中国统计年鉴(2017)[M].北京,中国统计出版社.2017:308.

④ 国家统计局.中华人民共和国2019年国民经济和社会发展统计公报[EB/OL].国家统计局官网.2020－02－28.网址:http://www.stats.gov.cn/tjsj/zxfb/202002/t20200228_1728913.html

镇化率仍有20%的缺口。从质量上来看,我国目前常住人口城镇化率与户籍人口城镇化率的缺口虽然在缩小,但它仍然有16%左右的差距,这一缺口仍然是我国城镇化质量不高的一个重要标志。另外,城乡之间发展差距、收入差距、医疗卫生和文化教育等公共服务差距仍然非常明显。可以说,未来20年如何积极稳妥地推进中国城镇化进程,缩小城乡差距,促进城乡一体化发展,探索一条具有中国特色的新型城镇化道路,是我们面临的一项紧迫的战略任务。

(二)城镇化是中国经济社会实现新跨越的重要引擎

拉动经济增长的三驾马车是投资需求、出口需求、消费需求。中国改革开放前30年拉动经济增长主要依靠的是投资需求、出口需求。改革开放之初,我国发展基础极其薄弱,要钱没钱,要技术没技术,但我国极其明智地采取吸引外商投资扩大国内生产,产品以出口为主(国内消费能力不足),换汇之后继续扩大再生产的策略,通过几十年的不懈努力,我国实现了资本积累、技术积累、财富积累,中国成为全球产业分工体系中极其重要的一部分。近年来,我国外部发展环境日趋严峻,国际贸易保护主义抬头,国内生产成本比较优势缩小,投资、出口对经济拉动的作用力趋于减小,通过国内消费拉动经济增长成为我们必然的选择。然而,国内消费的潜力在哪里?当然蕴藏在城镇化中。我国农村人口众多,农村的自给自足程度高、商品化程度低是一个不争的事实,如果我们能够稳步推进城镇化,那么数亿农民在市民化过程中会释放巨大的住房需求、商品需求、服务需求,必然会拉动国内消费,促进经济又好又快发展。当然,在城镇化过程中,我们还可以促进农村土地规模化经营、商品化生产,提高农民收入,缩小城乡差距,促进农村繁荣。可见,在投资需求减弱、出口需求受阻的情况下,有序推进城镇化可以一举数得,城镇化成为推动中国经济实现新跨越的重要引擎。

(三)中国城镇化使命艰巨

实现中华民族伟大复兴一直是中国人民的共同梦想,改革开放的巨大成就使我们距实现这一梦想如此地接近。正如习近平总书记在纪念孙中山先生诞辰150周年纪念活动时所说的那样，“在中国共产党领导下，中国人民在社会主义道路上实现了一个又一个伟大飞跃，取得举世瞩目的伟大成就。今天，我们可以告慰孙中山先生的是，我们比历史上任何时期都更接近中华民族伟大复兴的目标，比历史上任何时期都更有信心、有能力实现这个目标”①。事实的确如此，在40多年的改革探索中，我们冲破思想枷锁束缚，积极稳妥、求真务实、大胆创新、不断奋进，逐步树立起中国特色社会主义的道路自信、理论自信、制度自信、文化自信，在许多领域都取得了不俗的成就，中国成为拉动世界经济增长的重要引擎之一，成为国际多极政治经济格局中重要的一极。近年来，中国在移动支付领域，在高速铁路、高速公路、桥梁、机场、地铁等基础设施建设领域，在汽车、手机、电脑、无线通信、精密仪器等高端制造领域，在运载火箭、载人航天器、卫星控制等航天领域都走在世界前列，令无数中国人自豪。

但我们也应该清醒地认识到，在农业、农村、农民这“三农”问题上，我们一直难有较大的突破，农业的规模化经营和稳定发展、城乡之间的良性互动、农民致富及农民工市民化等问题一直是困扰我们可持续发展的软肋，一直是全面实现小康社会这一艰巨任务的难点所在。客观地说，中华人民共和国成立后的头50年中，我们虽然取得了很多成绩，但这些成绩在很大程度上来自对农业和农村剩余的剥夺，来自城乡分治所造成的资源单向流动，来自“三农”利益的被牺牲。因此，在全面建成小康社会、实现中华民族伟大复兴的背景下，我们必须正视“三农”问题，必须加快推进中国特色新型城镇化建设，在积极稳妥推进城镇化的过程中实现农业现代化、实现农民富裕化、实现乡村振兴，实现中华民族的伟大复兴。可以说，在当前阶段，中国的城镇化肩负着中华民族复兴的历史使命。

---

① 习近平. 在纪念孙中山先生诞辰150周年大会上的讲话[EB/OL]. 央视网. 2016－11－12. 网址：http://news.cctv.com/2016/11/12/ARTIDntyevT2Bk98C9QdzLzE161112.shtml

三、中国城镇化面临的困惑

(一)困惑一:城镇化的本质是什么,如何统筹土地的城镇化和人的城镇化,打通农村实现现代化的道路

在“上半场”的城镇化过程中,我国很多地方一直没有厘清城镇化的本质问题,只是跟着感觉走,不去思考城镇化的动力机制与评价标准究竟是什么。出于对快速发展的迫切追求,出于对政绩的考量,出于对城镇化规律认识的不足,我国在“上半场”城镇化过程中既取得了显著的成绩,也积累了一些问题。其中,一个最突出的问题表现为,土地的城镇化优先于人口的城镇化。查阅各地统计年鉴不难发现,城市建成区面积增长率比城市人口的增长率要高好几倍。另外,中国城市的市中心容积率比发达国家要低得多,城市人口的人均占地面积却比发达国家多得多,我国土地不多,但我国城市中人均占地面积要比人家多得多[①]。为什么呢?当然是利益驱动和一些体制、机制造成的障碍。

譬如,农村土地(包括农业用地、农村建设用地、农民宅基地)是农村集体所有,但农村土地不能随便出让,一级土地市场只有唯一的买家,那就是地方政府。地方政府可以根据当地社会发展需要,在法律法规许可的条件下对农村土地进行征用。征用补偿标准一般按照土地过去若干年产生的收益的若干倍计算。垄断的买家、弱势的卖家综合作用的结果是,农村征地补偿标准偏低。城镇土地为国家所有,在土地二级市场上只有唯一的卖家,仍然是地方政府。地方政府在征得土地后,可在土地二级市场上通过“招、拍、挂”的方式出让土地使用权。其中,居住用地 70 年,商业用地 40～45 年不等。在土地二级市场上,垄断的卖家、竞争的买家自然使土地能够找到最大化价值。地方政府作为国家的代理人,拥有全部城镇土地使用权出让收益。土地一级市场与二级市场的巨大价差成为地方政府热衷于土地城镇化的根源,也成为地方政府弥补财政收入不足的主要手段(即,我们常说的土地财

① 吴敬琏. 中国城镇化为什么有问题?[EB/OL]. 搜狐网. 2016－05－20 . 网址:https://www.sohu.com/a/76374612_260632

政）。这样的土地管理体制想让地方政府不去搞基于土地的城镇化都难——因为城镇建成区面积扩大就意味着地方政府收入的增加。反过来，人口的城镇化则意味着地方政府财政负担的增加。因此，地方政府非常乐于土地的城镇化，愿意把钱花在城镇景观建设等面子工程上，而不愿意把钱花在见效慢的农民教育、医疗、收入提升等公共服务开支上。这就必然导致土地城镇化优先于人的城镇化，导致城市景观优于乡村景观、城镇居民收入明显高于农村居民收入（2019 年全国城镇居民人收入 42359 元，农村居民人均收入 16021 元，前者是后者的 2.644 倍）。这种现状是特定制度环境下对城镇化本质的背离和曲解（当然，这方面的漏洞将在 2020 年新修订的《中华人民共和国土地管理法》实施之后陆续得到修补）。

那么，城镇化的本质究竟是什么呢？我们应该透过现象看本质。从现象上来看，城镇化是一个国家或地区在社会生产力发展推动下，农村人口减少、城镇人口增加，农村规模缩小、城镇规模扩大，农业产值占比减小、非农业产值占比增加的社会变化过程，但从本质上来看，城镇化是农村人口现代化的过程，即农村转移人口的城镇社会融入和留在农村人口的社会分工融入过程。也就是说，一方面，农村剩余劳动力及其家人在风险可控、预期良好的条件下，可以从农村无牵挂地出来，然后可以平稳顺利地在城镇扎下根来；另一方面，留在农村的人口可以驾驭农业现代机械从事规模化农业生产，可以将绝大多数农产品通过市场实现价值交换。因此，城镇化的核心问题是想从农村迁出的人能否出得来，想进入城镇的人能否在城镇待得下去，留在农村的人能否在农村享受到现代文明成果。也就是说，农民走向城镇化的途径必须通畅，农民适应现代市场经济社会的能力必须具备。因此，城镇化的本质就是农民的现代化，评价城镇化成败得失的重要标准就是农民适应现代社会的能力与水平，就是整个社会的平稳过渡。

那么接下来的问题就是，农民走向城镇的道路通畅吗？中国国情具有特殊性，中华人民共和国成立之后，前 30 年主要以计划经济为主要特点，接下来的 40 年通过改革开放逐渐走上社会主义市场经济道路。社会主义市场经济的主要特点就是经济上的市场取向和政治及社会治理方面的集体主义（团体理性），反映在农村问题上的表现是：农民打工、种地的自由市场取向和农村土地、宅基地等资产(土地)实行集体所有。即,农民有在自己的承包土地上选择耕种品种的自由,不能有改变土地用途的自由;农民有外出打工的自由,但没有处置土地这种集体所有资产的自由;农民有进入城镇的愿望,但缺乏进入城镇之后适应现代市场经济社会的能力和保障;另外,附加在户籍上的各种权利差别也给迁徙带来比较多的限制。这是中国特定历史阶段积累和遗留下来的一些问题(也是我们稳步推进改革试图解决的一些问题)。当然,任何事情都有两面性,农村这种管理体制也是这样。从好的一面说这种体制保证了国家对农村、农业和农民的较强控制,维护了国家粮食安全和社会稳定,也保证了农民的基本生活不会遭受大的波动,保障了农民的基本权利。从不好的一面说,这种特色给中国城镇化带来一定阻力。为什么呢?

当城镇生产力大发展需要补充劳动力资源,当农业生产力大发展农村出现剩余劳动力资源时,按照生产要素流动规律,生产要素应该流向边际回报率高的地方,这样就会促成农村剩余劳动力的市民化。但是,由于城镇对农村转移人口的接纳融入机制不畅和想向城镇转移的农村人口的农村资产处置渠道不畅,致使农村转移人口的城镇化之路略显艰辛,表现为中国特色的候鸟式迁徙和半城镇化人口的大量存在。另外,由于长期城乡分治与公共资源分配不均,导致农村教育文化和医疗卫生事业发展相对滞后,影响了农村人口的知识积累和技能积累,使得向城镇转移的农民在融入城镇的过程中容易受到歧视和产生畏难情绪,也使得留在农村的务农人口缺乏足够的驾驭现代农业机械、参与市场竞争的能力。因此,农民在城镇化过程中适应现代市场社会的能力欠缺。以上两种因素共同导致农民现代化的途径不畅。通俗地讲,就是想出的出不去,想留的难以留下来。面对这种困惑,我们需要寻求解决之道。

(二)困惑二:如何实现第一、二、三产业的相互支持与协调发展

城镇化是一个第一产业从业人员减少,第二、三产业从业人员占比增加的过程,也是第一产业产值占比下降,第二、三产业产值占比增加的过程,这一过程需要第一、二、三产业相互支持、协调发展,同步实现现代化。第一产

业的主体是农业，第一产业的现代化首先要求农业实现现代化，就是要提高农业的机械化水平，提高农业的产业化、商品化程度，提高单个农户的农业经营规模，第一产业要有足够的农产品剩余以支持第二、三产业的消费需求和原材料需求。反过来，只有第二、三产业足够发达，才能承接第一产业现代化排挤出来的农村剩余劳动力，才能给第一产业提供足够的资金、物资和市场需求支持。

在我们“上半场”的城镇化过程中遇到的困惑是，由于农村经营体制创新滞后，土地流转机制无法真正建立起来，导致土地碎片化严重，农业经营规模过于狭小，农业占用的劳动力资源太多，农产品的商品化程度很低，农业经营效益不高，种田基本靠各种农业补贴维持，产品在国际市场没有竞争力，很难形成对第二、三产业的强力支撑。现在，我国早已成为世界第一大粮食进口国，每年进口粮食1亿吨左右，农业的现代化程度大大落后于我国的工业化、城镇化、信息化程度。一方面，农业就业结构转换滞后于产业结构转换，2019年我国第一产业增加值70467亿元，占GDP总量的7.11%，而第一产业从业人员占全社会从业人员总数的25%左右，二者存在较大的差异，这充分说明我国在城镇化过程中就业结构转换明显滞后于产业结构转换，导致大量人口滞留在农村，大量农村劳动力处于不充分就业状态，农业规模经营难以发展，这些都在一定程度上影响了农业现代化的推进；另一方面，从工业、农业劳动生产率差距、城乡居民的收入差距、城乡消费结构差距上都可以看出，我国三大产业之间、三大产业内部的各要素之间都存在着彼此不协调、不同步的问题，而这一切问题的根源在于农村土地经营制度没有取得新的突破，农地经营过于细碎化。因此，农地经营体制之惑困扰我国农业现代化目标的实现，困扰工业化、城镇化、农业现代化、信息化同步发展局面的形成，这一困惑是否有可能在未来的中国新型城镇化建设过程中得以解决呢？本书试图找到一种途径。

（三）困惑三：如何帮助农民实现从熟人社会向陌生人社会过渡，实现城乡一体化发展

所谓“熟人社会”，是费孝通先生在《乡土中国》中提出的概念，它是对中

国传统农村农业文明形态的典型刻画。在一个较少流动、长期共存的社会群体中，彼此之间会基于长期利益最大化，形成信任与互助的依存关系。熟人社会给人以安全感和归属感。但是，城镇化使农民脱离原先的熟人社会，进入一个不确定性较强的陌生人环境，在相对于过去更大的社会空间里，他们必须面对流动的、单次博弈的陌生人，法律、专业知识的匮乏使他们对自己的控制力缺乏自信，从而感到紧张和不安。现代社会建立在契约和规则基础上，只有建立起对契约与规则的信心，才能建立起人与人之间的市场经济关系。

熟人社会有熟人社会的好处，道德在熟人社会中起着重要的约束作用，这在一定程度上减少了监督制约成本。但熟人社会也有它的弊端，长期生活于熟人社会中的个体常常会弱化法治意识，以"关系"代替"契约"，以"熟人"的"情感"代替法律的威严，以"人情"代替"竞争"，淡化了"竞争"的激励。所以，中国城镇化面临的另一个难题就是适度打破"熟人社会"的壁垒。为什么说是适度呢？首先，农民对熟人社会有一定的依赖性和亲和感，城镇化要善于利用这种熟人社会的载体作用。譬如，农民在城镇化过程中，尽可能实现有组织的城镇化，在一定程度上保留熟人社会的群体性前提下实现城镇化。这样对农民来说，他们心里更踏实一些，城镇化的阻力也会更小一些。其次，之所以要适度打破熟人社会的壁垒，是因为要避免让熟人社会中的"人情"成为契约社会的绊脚石，是因为要避免熟人社会的"关系"意识对法治社会的腐蚀、市场经济的摧残、和谐社会的瓦解。当然，如何把握好这个度需要在实践中进一步探索。因此，如何帮助农民实现由熟人社会向陌生人社会的平稳过渡也是中国特色新型城镇化面临的一个问题。

实现从熟人社会向陌生人社会的过渡不是最终目的，我们的最终目的是让城乡之间实现要素的自由流动，实现城乡的一体化发展。也就说，无论农村居民是转移到城镇还是留在农村继续从事农副业生产，都可以享受发展的红利，实现人的全面发展。

四、中国特色新型城镇化路在何方

(一)中国特色新型城镇化的基本要求

放眼世界,众多国家的城镇化历程告诉我们,伴随着经济社会发展,不管你想还是不想,城镇化都必然会到来。我们所要关心的关键问题是整个社会如何平稳、有序、和谐地实现城镇化。我们既要避免像英国城市化过程中的“羊吃人”现象,避免“雾锁伦敦”现象,避免先破坏再治理现象,也要避免像拉美国家那样,在城市化过程中出现大规模的城市贫民区的现象。那么,我们希望看到的中国特色新型城镇化有哪些必然要求呢?

中国特色新型城镇化应该是促进生产力发展的城镇化。中国的许多问题往往是“按下葫芦起来瓢”,就如同过去的国企改革一样,一管就死,一死就放,一放就乱,一乱就收,陷入死循环。因此,涉及城镇化的各项改革措施务必是保持增量的,保证改革是一种帕累托改进。希望在增量改革中逐步解决一些深层次的矛盾和问题。

中国特色新型城镇化务必保持社会和谐稳定。稳定是压倒一切的政治。城镇化是涉及土地制度、户籍制度、拆迁、社会保障等方方面面的改革,利益冲突在所难免,但在城镇化进程中要保证各方的合理利益,不能借城镇化之名行伤害农民利益之实。过去,征地拆迁引发的社会不稳定事件时有发生,中国特色新型城镇化应该极力避免此种现象。

中国特色新型城镇化要求我们务必保持农业稳定和粮食安全。中国的财政税收管理体制决定了中国地方政府在城镇化发展中对农村土地有强烈的需求,改变土地用途、圈地卖钱可以弥补地方财政不足。而且,地方政府行政首长是实行任期制的,他们往往只考虑本届政府的钱够不够花,有没有能力做什么事情,至于以后会怎样往往思考不多。因此,在城镇化过程中涉及的土地置换、占补平衡等方面一定要加大监督力度,确保中国人的饭碗端在中国人自己手里,确保18亿亩耕地红线不被突破。

中国特色新型城镇化要求我们务必保障农村转移人口和农村务农人口安居乐业。中国农民有安土重迁、安贫乐道的传统。从农村走进城镇,从务农走向务工商，对于他们来说是重大事件。因此，在城镇化过程中，我们要尽可能让他们保持适度的熟人社会环境，让他们切实感受到政府对他们的关怀，让他们感到收入有保障、住房有保障、医疗有保障、未来有保障，居住安全、舒适、卫生，只有这样城镇化进程才能平稳有序。

（二）以农村股份合作为载体的城镇化模式为中国特色新型城镇化提供了有益的参考

我国作为一个地域辽阔、自然条件差异很大，经济社会发展基础差异也很大的国家，各省市的城镇化程度、城镇化特点是不同的，从总体上来看，东部沿海地区城镇化水平明显高于中、西部地区。另外，在城镇化过程中，如何积极稳妥推进农村变城镇、农民变市民，同时保证农业不出现大的波动，各地的做法是不一样的，推进的载体也是有差异的。

苏南地区地处长三角腹地，是我国经济社会比较发达的地区，也是自古以来的鱼米富庶之乡，尤其是苏锡常地区，不仅外向型经济具有明显优势，其农村改革发展也走在全国前列。以苏州为例，2019 年苏州市的 GDP 接近 2 万亿元，名列全国第 6 位，苏州常住人口城镇化率已经接近 80%，社会治理基本实现现代化。与全国相比，苏南地区的城乡差距非常小，城乡和谐程度较高，生态环境友好。作为率先发展地区，它的许多成功经验是值得分析、研究、推广、借鉴的。

苏南地区在城镇化过程中，以农村股份合作组织为载体，采取市场导向的农村集体资产产权制度改革，为苏南地区平稳有序地推进城镇化提供了极大的便利。其中，土地股份合作组织使农村集体的土地资源折股量化到集体组织成员名下，并颁发股权证，为土地流转和规模经营、为土地股份合作社收益分配提供了权责明确的依据。农村社区股份合作组织则将不可分割的农村集体财产折股量化到集体组织成员名下，同样颁发股权证，成为集体经营性资产所有者的凭证，并享有相应的分红权利等。在股权固化之后，不论人流动到哪里，所有者权利都将保留。农村股份合作组织促进了资源资产化、资产资本化、资本股份化、股份市场化，使苏南地区农民走上了一条“家家有资本、人人有股份、村村有物业、年年有分红”的共同富裕新路。而且，通过股份合作组织这一载体，苏南地区实现了村民有组织的城镇化，实现了农业增产的城镇化，实现了社会稳定的城镇化，实现了安居乐业的城镇化。

虽然苏南地区有一定的特殊性，但这种以农村股份合作组织为载体的城镇化道路不失为一种可行的范式，值得我们深入分析、思考、借鉴。本书正是想以苏南地区为主要分析对象，试图揭示农村股份合作组织在中国特定的国情下，通过怎样的机制，解决了哪些难题，怎样促进了新型城镇化发展。

第二节　城镇化问题的研究现状与评价

一、国内学者研究述评

当代中国城镇化道路问题研究始于20世纪30年代，但到80年代之后才真正兴盛起来，不妨从以下六个方面进行简述。

(一)基于城镇化发展道路与模式问题的研究

我国民国时期的学者吴景超在《第四种国家的出路》(1937年)一书中提出，从现实情况来看，国家的国土面积、人口规模等基本国情因素会对城镇化道路和城乡变革方式产生很大影响。他根据国土面积与人口规模因素把世界各国分为四大类：一是人多地少，农业人口比重低，如西欧国家；二是人少地多，农业人口比重低，如美国、加拿大、澳大利亚等；三是人少地多，农业人口比重较高，如苏联；四是人多地少，但农业人口比重很高，如中国、印度及大多数亚洲国家。他认为，第四类国家要实行现代化，难度更大，非走自己独特的道路不可。

关于城镇化空间形态的研究主要有以下几种观点：①小城镇化论。吴友仁(1983年)认为，中国应该走一条“适合我国国情、具有自己特点的社会主义城镇化道路”。费孝通(1983年)在对苏南地区进行充分调研后，提出

“小城镇”可以解决“大问题”的农村工业化之路，进而提出以乡镇企业为发展特点的“苏南模式”。小城镇论也是中国城镇化与国外城市化区别的最初根源。②中等城市与大城市论。20 世纪 90 年代“小城镇遍地开花”之后，出现城镇功能不全、资源浪费现象，尚启君和周炳林（1997 年）、杨波（1999 年）等学者提出，“发展大城市”“中等城市”的建议。③都市圈论。21 世纪后，原新、唐晓平（2006 年）等提出，“都市圈化：一种新型的中国城市化道路”，他们认为都市圈或城市群既能发挥大城市的资源集聚优势，又能避免“大城市病”。④城市群论。国家改革和发展委员会城市和小城镇改革发展中心学术委秘书长冯奎（2019 年）认为，空间形态的城镇化道路研究日趋成熟，并产生积极的政策影响。基于未来社会流动的趋势，应在城市群地区加大有效投资力度。他认为在城市群地区加大有效投资力度是顺势而为、推进逆周期调节的重要举措。其基于四个方面的需要：一是提高承载力的需要。中心城市和城市群是人口经济活动最为密集的地区，承载力不足；二是趋势投资的需要。中心城市和城市群是未来趋势，投资趋势永远正确；三是拉动投资稳增长的需要。经济下行压力大，其主要问题是投资下降；四是引导社会投资的需要。在城市群投资，形态集聚效应、规模效应，有利于形成超大规模经济体，避免将有限资源过度分散。

（二）基于经济社会发展战略的研究

在城镇化的整体发展战略研究方面，李国祥（2005 年）、刘传江（2006 年）等基于中国的现实背景和其他国家的发展经验，探讨了城镇化发展战略及其对中国经济、政治、资源环境可持续发展的影响。他们的研究偏重宏观发展战略。中国（海南）改革发展研究院院长迟福林（2013 年）认为，未来 10 年，是中国转型发展具有历史性意义的关键时期。以人口城镇化为支撑，走向公平可持续，是中国现代化进程中二次转型与改革的战略目标。事实上，以人的城镇化为核心的新型城镇化，涉及一系列亟待突破的改革，包括土地制度改革、户籍制度改革、行政体制改革、财税体制改革等。其中，土地制度改革和户籍制度改革的呼声最为迫切，通过这两项改革，将进一步打破农村和城市、农民和市民之间的藩篱。

(三)基于城镇化发展阶段和发展规律的研究

在中国城镇化发展规律方面,冯奎(2019年)研究员提出"第二次流动"的概念。他认为从静态来看,改革开放40年来,城镇空间发展有四个发展阶段。小城镇兴起阶段、城市数量增加阶段、城市群发展初期阶段、中心城市与城市群加速阶段。而从动态来看,则有两个重要时期。第一个时期是由乡到城的流动,第二个时期是城市之间的流动。第一次流动将中国的城镇化率推到50%以上,中国变成了城市型社会,这为小康社会奠定了基础。第二次流动则处于中国城镇化的下半程,试图构建以中心城市、城市群为新动力源的发展空间,目的是要为实现现代化提供空间支撑。第一次流动具有明显的问题导向性质,第二次流动目标导向性质更明显。上海社会科学院经济研究所所长沈开艳(2019年)聚焦于大都市郊区乡村发展规律与趋势研究,他认为,当一个地区城镇化率在小于70%的时候,它处于一个快速发展的城镇化阶段。但是当城镇化率已经达到或者超过70%以后,该地区基本上就开始进入逆城市化的发展阶段。在这一阶段,很多的要素资源开始向郊区移动。就大都市郊区发展趋势而言,其一,农村地位可能会得到进一步调整,功能也会更趋多元化;其二,以都市农业为核心,推动第一、二、三产业融合发展;其三,强化农业领域科技应用,大力发展科技农业[①]。

(四)基于城镇化与产业结构变迁、技术进步的研究

方建国、陈廉洁(2015年)等认为,随着产业结构和就业结构的不断调整、升级、匹配,城镇化质量不断优化,最终实现第三产业主导工业化格局、劳动力职业化方向的转移,以及人口城镇化的目标。另外,在城市管理上,孔翎聿(2018年)等认为,我国目前存在体制不完善、法律不健全、管理不科学等问题,因城市管理不到位带来的环境污染、就业难、交通拥挤等社会问题,威胁社会稳定,影响城镇化的健康发展。因此,他们提出要加快推进完

① 何睿敏."十四五"城镇化理论准备与战略规划[J].中国建设信息化.2020(02):60～63.

善城市发展方式和管理模式。笔者认为,需要加强立法,借用法律手段来管理城市。此外,笔者认为,还可以通过广泛应用现代化信息手段,建设智慧城市,建立智能城市基础数据库,建立智能技术、城市数据、应用实践间联动的网络,实现智能城镇化。

(五)在城镇化发展水平评价方面

中科院可持续发展战略研究组组长、首席科学家牛文元教授(2012 年)根据“城乡发展动力”“城乡发展质量”“城乡发展公平”三个维度分别设立评价指标体系,运用熵权法赋权,对中国 50 个代表城市的新型城市化水平进行排序,前 10 名依次是上海、北京、深圳、天津、成都、广州、苏州、重庆、杭州、无锡。韩秀艳、孙涛(2016 年)应用模糊数学原理与方法构建了评价指标的隶属函数及模糊综合评价模型,并利用江苏各地级市城镇化建设的实际数据进行了应用研究,为江苏省新型城镇化管理提供了一种行之有效的定量分析手段。

(六)基于城镇化动力机制的研究

在城镇化的动力机制研究方面,华东师范大学终身教授宁越敏(2019 年)认为,政府、企业和个人作为城镇化过程中的三个行为主体,他们存在不同利益的考量。从政府的角度来讲,其主要是把推进城镇化作为促进经济社会发展的重要举措。从企业的角度来讲,企业是市场经济的主体,其扩张可提供大量的就业机会,是拉动城镇化的直接因素,而其投资区位则影响城镇化的空间格局。从个人的角度来讲,人口的自由迁徙是城镇化的决定性条件。另外,叶裕民(2007 年)、刘平量(2009 年)、肖万春(2008 年)等认为,规避社会系统风险也是推进城镇化的动力之一。他们认为,在我国实现现代化过程中存在着经济波动风险、社会不稳定风险、伦理道德风险等,要通过推进城镇化来化解这些风险。

还有一些学者从历年的相关数据入手,定量分析城镇化的影响因素与动力机制。目前定量分析的指标选取主要集中在要素投入、人口素质、政府作用、空间聚集、经济发展与消费需求等方面,试图通过数据挖掘揭示这些方面对城镇化进程的影响。张光南等(2009年)、刘生龙(2010年)等学者认为,城镇化程度低的国家需要更高的基础设施投入比例来拉动城镇化;基础设施存在外部性,基础设施的现代化将会继续加速我国的城镇化进程,从而形成我国未来持续、稳定高增长的强大动力。李德煌等(2013年)研究发现,人力资本和技术进步正逐渐成为我国经济增长的主要影响因素,劳动力数量对经济增长的影响逐渐减弱,只有提高人口素质才能促进经济的可持续发展。中国经济增长前沿课题组(2011年)认为,政府通过公共基础设施投资的扩张,推动了城镇化进程和区域经济增长,政府的土地财政,对城镇化进程有直接加速效应。但如果政府财政收支结构和筹资方式不能转变的话,那么城镇化的可持续发展就会面临挑战。李强等(2012年)发现,中国城镇化的突出特征是政府主导、大范围规划、整体推动、土地的国家或集体所有等。王国刚(2010年)认为,加大消费性投资的价格效应和产能效应,加大消费性投资与城市政府的财力关系,深化体制机制创新等会促进城镇经济的发展。刘孝先(2014年)运用结构方程模型,在城镇化影响机制理论的基础上,采用全国282个地级城市的统计数据,对我国城镇化的影响因素及其效应进行实证分析,探求推进我国城镇化进程的关键影响因素及其效应。研究结果表明,要素投入、消费需求、金融深化、空间聚集、人口素质和政府作用等因素对城镇化的发展都发挥着积极作用;要素投入、人口素质和空间聚集等经济发展因素可以促进城镇化程度的提高,并有显著性的影响;而政府作用、消费需求和金融深化对城镇化程度也有正向的作用,但目前的数据显示,其影响水平并不显著。从总体上来讲,生产要素的投入是促进城镇化的根本因素。

(七)关于农民工社会融入问题的城镇化研究

宁越敏教授(2019年)认为,在城镇化行为主体中,流入城市的农民工无疑处于最弱势的地位。虽然市场经济的发展为他们参与城市经济活动提供了一条新的途径,但市场经济本身及制度性的障碍使他们作为个体难以完全“嵌入”城市社会,形成“脱嵌”现象。对新生代农民工而言,由于他们既难以融入农村又难以融入城市,形成“双重脱嵌”现象。因此,新型城镇化需要解决的首要问题就是农民工在城市中的社会融合问题。

(八)基于马克思主义视角的城镇化研究

曹钢、何磊(2010年),李淑梅(2010年)等学者研读马克思、恩格斯原著后认为,"农村农业劳动生产率的提高是城镇化的初始动力;农村工业发展是城镇化的核心动力"①;皇甫鑫、唐依(2018年)以马克思主义唯物史观的视角,对城市和乡村及其关系进行了理论探索,分析了城乡分离、城乡对立、城乡差别、城乡融合等经典论述的现实合理性,认为当今中国城乡分离、对立、差别的问题依然存在,并有愈演愈烈之势,已经成为我国新型城镇化发展的瓶颈,要想跨过这个瓶颈达到城乡融合的良好态势,就必须有针对性地解决城乡发展的瓶颈问题,实现城乡统筹、城乡一体化,提升城乡命运共同体的关系联结度②。屈婷(2019年)认为,从历史唯物主义视角研究城镇化动力机制有理论指导意义。马克思城市化思想的深化和方法论的演进是同其哲学发展历程紧密相关的。在不同阶段,马克思先后提出"资本战胜地产""城市战胜乡村"与"现代的历史是乡村城市化"的核心论点,他坚持历史的观点、城乡之间生产和交往关系的矛盾运动,进而以整个社会占主导地位的生产方式来揭示现代城市化的本质。城市化是推动人类向现代社会形态变迁的历史环节,农村的社会变革是城市化的内在组成部分。立足于马克思研究城市化的思想及方法论指导,有利于破解中国城市化的路径之争,把问题焦点转移到人的城市化上来,从而确立中国下一阶段城市化的根本方向③。

贺汉魂、许银英(2017年)对土地私有化理论进行了批驳,他们认为,"公地悲剧"是私有化主张者批判公有制的重要经济学理论,也是城镇化背景下土地私有化主张者的直接理论依据。但是,马克思指出,土地私有化对

---

① 白鸽.中国县域城镇化存在的问题与对策思考[J].改革与开放.2014(01):56、56~58.

② 皇甫鑫,唐依.马克思恩格斯城乡思想对我国城乡发展的理论价值[J].改革与战略.2018(1):49~51、67.

③ 屈婷.马克思城市化思想的演进历程及其方法论特征[J].南开学报(哲学社会科学版).2019(01):20~27.

城镇化而言其实是个悲剧：提升城镇化与土地产出效率只是美丽的神话，通过土地私有化避免农民的人道灾难只是道德乌托邦，通过土地私有化保障农民土地权益是对正义的越界。马克思的“私地悲剧”思想启示我们，推进农村城镇化必须坚持土地公有这一制度底线，并适时推进土地完整国有化[①]。

二、国外城市化问题研究述评

在谈国外 urbanization 研究动态时，为符合表达习惯，本书将其称为“城市化”。

(一)国外学者对一般意义城市化理论的研究

马克思、恩格斯关于城市化问题的论述分散在多篇文章及书信当中。其中，恩格斯的观点主要体现在《法德农民问题》(1894 年)等著作中。他们认为，“社会整体变迁意义上的进步莫过于城市社会取代农业社会”[②]，恩格斯认为，城市化发展要经历城乡分离、城乡对立、最终走向城乡融合三个阶段，他还预测“当我们掌握了国家权力的时候，我们绝不会用暴力去剥夺小农(不论有无报偿，都是一样)，像我们将不得不如此对待大土地占有者那样。我们对于小农的任务，首先是把他们的私人生产和私人占有变为合作社的生产和占有，但不是采用暴力，而是通过示范和为此提供社会帮助”[③]。马克思、恩格斯所处时代决定了他们的描述是笼统的、预测性的。

新马克思主义城市理论主张把资本主义生产方式作为考察城市问题的基本前提，重点分析资本主义城市空间生产的必要性与可行性，讨论集体消费和城市出现的必然性，试图揭示城市发生、发展、衰亡的演化过程。新马

---

① 贺汉魂，许银英. 城镇化背景下土地私有化的经济伦理批判——基于马克思的“私地悲剧”思想[J]. 甘肃社会科学. 2017(9)：106～111.

② 马克思，恩格斯著. 马克思恩格斯全集[M](第 3 卷). 中共中央马克思、恩格斯、列宁、斯大林编译局译，北京：人民出版社. 1971：41.

③ 恩格斯. 法德农民问题. 马克思恩格斯选集[M](第 4 卷). 中共中央马克思、恩格斯、列宁、斯大林编译局译，北京：人民出版社. 1995：499.

克思主义城市理论围绕资本主义基本矛盾及可能解决途径展开研究，以说明资本主义城市发展运作逻辑。其团体理性与社会利益最优观点，值得借鉴。

英国学者、社会活动家霍华德（1903 年）针对当时英国社会出现的城市问题，提出带有先驱性的规划思想——田园城市理论。霍华德在他的著作《明日，一条通向真正改革的和平道路》中认为，应该建设一种兼有城市和乡村优点的理想城市，他称之为“田园城市”。田园城市实质上是城和乡的结合体，它对城市规模、布局结构、人口密度、绿带等城市规划问题，提出一系列独创性的见解，它是一种比较完整的城市规划思想体系。田园城市理论至今仍深刻地影响着现代城市规划思想和实践。后续一些理论，如“有机疏散”论、“卫星城镇”理论等，都继承和发展了霍华德的田园城市思想，对各国城市形态的发展产生了巨大影响。

刘易斯（1965 年）提出的“城市—工业导向”城镇化模式认为，城乡两大系统的联系载体是工业，城市化过程就是高边际生产率的城市工业不断吸引低边际生产率的农村剩余劳动力向城市集聚的过程。该模式描述了在要素流动绝对自由条件下落后国家工业化的实现过程，对要素流动存在壁垒的情形（譬如土地、劳动力流动不畅），模型并未给出答案。

彼得·卡尔索普（1991 年）针对郊区无序蔓延、社区日趋瓦解的现实问题，提出借鉴二战前美国小城镇和城镇规划优秀传统，塑造具有城镇生活氛围、紧凑的社区“新城市主义学说”。弗里德曼主张，在农村区级管理层次大力发展中心城镇，实现城乡两大系统的融合。其将生态制约摆在发展首位，注意规避发展风险的观点对中国制定城市化战略有借鉴价值。

MOIR. H（1977 年）佐证了，与第一、二产业相比，第三产业的劳动力份额与城市化联系更为密切，他认为新兴产业的发展对新型城市化建设的支柱性效应越来越明显[①]。

① MOIR. H. Dynamic Relationships Between Labor Force Structure, Urbanization and Development[J]. *Economic Development and Cultural Change*. 1977(01):25～41.

(二)国外学者对中国城市化的研究[①]

1.在中国城市化整体发展战略布局研究方面。近年来,随着中国走上快速发展、快速现代化之路,中国城市化问题的研究也成为世界各国学者关注的热点。美国学者安东尼·耶(2011)提出,中国现当代城市化历程可分为1949—1978年缓慢发展、1978—1988年勃兴发展、1988—2001年加速发展、2001—2011年迅速提高等四个阶段[②]。由于内部因素和外部因素共同作用的结果,中国城市化发展一直深受国内政策影响,而从各时间节点对比来看,其快速发展显然更得益于抓住了全球化进程推动的资金流动、市场营造历史机遇。在具体进程中,珠江三角洲、长江三角洲等地区的快速城市化与全球经济转型尤其是制造业崛起密切相关,东部主要城市实质上是作为区域增长和国际贸易的枢纽发展起来的。

2.在中国城市化模式与世界城市化模式比较方面。阿芙勒·格瑞夫和吉多塔·贝里尼(2011年)强调,中国的城市化与西方的城市化在文化和制度上有本质差异[③];爱德华·收加(2016年)认为,以中国为代表的新的城市化挑战了几乎所有现有的城市发展理论[④];格雷姆·雨果(2017年)认为,中国的城市化启发了全球对超越城乡二元分化的新的城市化模式的探索[⑤]。鉴于中国城市化在全球经济、生态、社会方面产生了巨大的影响,全球范围内的国家和地区都应该密切关注中国城市化的发展动向并主动采取相关应对方案。在经济方面,中国城市化对资金的大量需求为全球剩余资本找到

---

① 梁红秀、谭培文.近年来西方学者关于中国城市化研究述评[J].创新.2019(04):38～48.

② BIRCH E L,WACHTER S M. *Global Urbanization*[M]. Philadelphia: University of Pennsylvania Press. 2011:67～80.

③ GREIF A,TABELLINI G. Cultural and Institutional Bifurcation: China and Europe Compared[J]. *American Conomic Review. 2010:135～140.*

④ NEL－LO O,MELE R. *Cities in the 21st Century*[M]. New York: Routledge. 2016:41～59.

⑤ HUGO G. *New Forms of Urbanization: Beyond the Urban-rural Dichotomy*[M]. Lohdon: Routledge. 2017:21～78.

了出路[①]。在生态影响方面，索伯卡·达卡尔(2009 年)对 20 世纪后半期中国大城市能源使用和二氧化碳排放的变化情况进行跟踪研究，肯定了中国从 20 世纪 90 年代开始采取的积极生态治理政策，这些治理政策的实施是降低城市经济活动的碳强度方面取得迅速进展的关键[②]。以生态政策主动改善城市化过程中的环境污染，建设更加健康的城市发展环境，中国城市化生态治理的经验启发了世界城市化的绿色发展之旅。在社会发展方面，21 世纪中国城市化在城市设计、城市管理、城市生活形态、全球化与本地化平衡等方面的努力对全球城市化的走向影响越来越大[③]。

3. 在中国城市化发展的外部影响机制研究方面。古拉姆·阿克曼(2010 年)通过对改革开放后中国各省经济发展状况的对比分析，研究了城市化对中国经济的促进作用，以及中国城乡区域发展不平衡加剧、环境污染加重、多层次"城市病"集中暴发等社会问题。他指出，全球化及其对中国区域的选择性投入是塑造中国区域不平等的主要力量[④]。东部地区是全球资金投入的重要目的地，而中、西部地区获得的全球资金数量极少。在城市化率最高的东部地区，从上海、香港、广东的城市景观、住房设计、文化表达中都可以看到西方发达国家的影子。全球范围内发达国家的制造业转移深刻影响了中国城市化的经济基础类型，当前中国城市化过程中，大力推动城市经济由生产型向服务型转型，也是全球经济转型背景下的区域性应对策略。也有学者指出，中国对城市体系的设置、对大城市群和农村地区关系的处理

① YUSUF S, SAICH T. *China Urbanizes: Consequences, Strategies, and Policies* [M]. Washington D. C: the World Bank. 2008:1～40.

② DHAKALS. Urban Energy Use and Carbon Emissions From Cities in China and Policy Implications[J]. *Energy Policy*. 2009,37(11):4208～4219.

③ FRAGKIAS M. SETC K C. Evolving Rank-sizedistributions of Intra-metropolitan Urban Clusters in South China[J]. *Computers: Environment and Urban Systems*,2009:33(3):189～199.

④ AKHMAT G, YU Bochun. Rapidly Changing Dynamics of Urbanization in China: Escalating Regional Inequalities and Urban Management Problems [J]. *Journal of Sustainable Development*, 2010,3(2):153～158.

都大范围地借鉴了欧洲经验①。

4. 在中国城市化过程中的土地制度改革研究方面。在中国的农地改革方面，安尼迈尔·舒耐德拉（2015 年）认为，中国的土地承包责任制和征地制度在改革开放之初具有积极作用，但是在目前中国城市化深入发展的形势下，则表现出更多的负面作用，他认为国家凭借在土地市场上的垄断优势所启动的项目常使现有社区付出高昂的代价，并且在很多情况下对原有城区内充满活力的街区造成破坏②。还有一些学者从城市与乡村传统保护、城市在初期兴盛期过后的可持续发展等视角来讨论中国的土地使用制度，他们普遍认为当前中国的土地制度应该结合城市化发展的实际情况进行深入改革。不少学者认为，在对中国城市土地利用问题的审查中，良好的市场是分配土地和建筑面积的最有效工具③，开明的政策战略和谨慎的城市规划意义重大④。具体建议主要集中在两方面：第一，减少城市土地财政的压力，为推进土地制度改革松绑。如中央财政由从地方财政征收，改由中央、地方、私营企业共同负责城市建设资金，通过发行市政债券、征收土地税和房产税、财产税、服务增值税等多渠道融资来提供城市新居民及长期的城市财政收入⑤等。第二，以多样化取代统一化的土地管理方式，激活土地市场。如在紧跟市场信号，加大城市土地使用效率的同时，想办法充分发挥农村地区的多功能性，为城市土地市场压力分流⑥等。

---

① KUNZMANN K R. Urbanization in China: Learning From Eeurope? A European Perspective[J]. *International Journal of Urban Sciences*, 2015,19(2):119～135.

② SCHNEIDER A, CHANG CHAOYI, PAULSENK. The Changing Spatial Form of Cities in Western China[J]. *Landscape and Urban Planning*,2015(135):40～61.

③ BERTAUD A. 1 Urbanization in China: Land Use Efficiency Issues[J]. *China Land Use Report 6*, Aug 30,2007:1～33.

④ BAHL R W, LINN J F, WETZEL D L. *Financing Metropolitan Governments in Developing Countries*[M]. Cambridge: Lincoln Institute of Land Policy. 2013:2～16.

⑤ ZHANG Y S, BARNETT A S. Fiscal Vulnerabilities and Risks From Local Government Finance in China[J]. *International Monetary Fund*, 2014:24～26.

⑥ SICILIANO G. Urbanization Strategies, Rural Development and Land Use Changes in China: A Multiple-level Integrated Assessment[J]. *Land Use Policy*,2012,29(1):165～178.

第三节　中国特色新型城镇化所面临的问题及可能解决的途径

一、中国特色新型城镇化研究面临的紧迫问题

前文已经论述，中国特色新型城镇化肩负着提升国内消费总需求，构建稳定的国内大循环格局，促进共同富裕，推动实现社会主义现代化，助力中华民族伟大复兴的光荣使命。同时，我们也深刻认识到中国实现新型城镇化还面临着土地城镇化与人的城镇化的有机统一，面临着三大产业之间的合理匹配与可持续发展，面临着城乡社会一体化稳定过渡等诸多困惑和难题。近 30 年来，虽然有国内外许多学者聚焦中国城镇化这一热点问题开展研究，但他们的研究绝大多数集中在发展阶段、发展政策、制度改革、区域比较等方面，还很少有人从微观经济组织载体角度对中国特色新型城镇化道路进行具体而深入的研究。譬如，大家都认为，中国特色新型城镇化应该是以人为本的城镇化，是促进经济社会稳定繁荣的城镇化，但是，在中国特色社会主义制度环境下，是否有合适的组织载体能够确保在城镇化进程中"人"的基本权益得到保障，确保经济社会发展可持续？在农村土地集体所有的前提下，如何才能使拥有土地承包经营权的农民平稳地转变为市民？中华人民共和国成立几十年来农村集体积累的财产属于村民集体所有，但是在城镇化过程中这部分财产如何明晰产权并在新的环境下保值增值？农民如何对过去的集体财产主张权利？虽然城镇化是大势所趋，但怎样才能保证进城后的农民不会成为城市无产者？如何避免在城镇化过程中农民由熟人社会走向陌生人社会的恐惧？横亘在城乡之间的体制壁垒如何有序消除？有没有一个高效的组织载体能够将中国特色新型城镇化实现过程中这些问题得到比较满意的解决？这既是中国特色新型城镇化的理论问题，也是中国社会面临的紧迫的现实问题。

中国实现城镇化的道路有千条、万条，但是最符合中国国情的道路只有一条，因为中国的农村土地制度、人力资源现状、基本经济发展制度、城乡发展模式是中华人民共和国成立70多年来不断延续、发展、变革的结果，它既有传承性，又必须有开拓创新性。中国特色新型城镇化就是要在现实的中国国情基础上实现整个国家发展利益最大化。因此，我们需要在城镇化路径选择方面进行深入而具体的研究。

二、一个可能的解决途径

中国是一个东西部发展差异较大的国家，受经济发展基础条件差异、区域资源禀赋差异，以及国家渐进式改革开放政策影响，中国东部沿海地区发展水平较高，因此，在诸多方面，长三角地区被赋予了先行先试、探索发展模式、率先实现现代化的重任。以苏州为例，其作为中国第一强地级市，不仅GDP总量在全国地级市排第1名，而且其社会治理的现代化水平也保持全国领先地位。从城镇化发展情况来看，据苏州市第7次全国人口普查公报资源，苏州的城镇化率已经达到81.72%，基本达到或接近发达国家的城市化水平。另外，从苏州这些年的发展历程来看，整个城镇化、现代化过程是比较平稳有序的，经济发展及社会运行呈现和谐、可持续的状态。因此，对以苏州为代表的长三角地区城镇化发展经验进行研究总结是有必要性和可行性的。

其实，纵观苏州40年城乡发展历程，乡镇企业大发展、新农村建设、城乡一体化、美丽乡村建设、新型城镇化等，不论在哪一个阶段，农村集体经济组织都在其中发挥着至关重要的作用。正是基于集体经济组织的“强”，其在农村社会生活中才拥有更重要的话语权和影响力。因此，“强集体”是苏州农村发展的一个重要“基因”，也是剖析以苏州为代表的长三角地区新型城镇化的重要抓手。

进一步分析可以知道，在以苏州为代表的长三角地区城镇化实践中，农村股份合作组织发挥了重要作用。农村股份合作组织将极具现代市场特征的股份制与极具传统人文特征的合作制在中国农村这样一个客观环境下整合在一起，使长期以来产权模糊的农村集体经济得到市场化改造，提高了资产利用效率；使土地集体所有制下的土地承包权、经营流转权被赋予新活力，使农村土地规模经营得以实现；使农民与市民在城乡之间的流动与交融更加平稳有序。因此，农村股份合作组织可能是中国国情条件下，农村实现现代化、城镇化的有效载体，是中国特色新型城镇化的重要特征。本书将对此详加论述。

需要特别说明的是，为了严谨、科学地研究清楚基于农村股份合作的中国特色新型城镇化问题，笔者在研究与撰写书稿过程中采用了文献研究法、案例分析法、定向访谈法、头脑风暴法等多种方法，学习借鉴了许多学者、农业主管部门领导、农村一线管理人员和广大合作社社员的经验和智慧。没有他们的无私奉献和倾力帮助，便不会有本书的出版问世，在此向所有帮助本书出版的同志致以崇高的敬意和诚挚的谢意。

第二章 城镇化的阶段划分与路径选择

第一节　关于城镇化(城市化)的阶段划分

一、经典的城镇化阶段划分理论:三阶段论

从世界发达国家城镇化历程来看,发达国家城镇化可大致分为初级阶段、加速阶段、成熟期,通常用“S”型城镇化曲线来反映。美国城市地理学者诺瑟姆(Ray M · Northam)的研究成果表明,一般来讲城镇化发展有三个阶段特征非常显著,即,在城镇化早期和后期阶段,城镇化率提升非常缓慢,而在城镇化的中期阶段,其年均增长率一般超过 1%。也就是说,在城镇化初级阶段(城市人口占比 30%之前),城镇化进程相对缓慢;之后,城镇化速度明显加快,当城市人口占比在 50%～70%这一阶段,城镇化速度相对更快,一般年均增长率超过 1%;当城市人口占比超过 70%以后,城镇化又将进入一个缓慢的发展阶段。这样的城镇化阶段划分,已经得到绝大多数学者认可。然而,受新技术革命及人类更加关注生活质量的影响,观察近年来发达国家和地区的城镇化发展态势,有一种新变化值得引起我们重视,即逆城镇化阶段。

二、城镇化阶段划分理论的新发展:四阶段论

进入 21 世纪以来,观察西方发达国家的城市化发展规律可以发现,当城市化发展到一定阶段之后,有可能出现城市人口减少、乡村或小城镇繁荣这种现象,我们可以称之为“逆城市化现象”。注意,这里只是说有可能,而不是一定会出现逆城市化。也就是说,城市化发展可能会经历起步阶段、加速阶段、成熟阶段、逆城市化阶段四个阶段。出现逆城市化的原因,笔者认为主要包括以下两种动因。

一种动因是大城市病。对于已经高度城市化的国家,如果在城市化过程中缺乏很好的城市规划,缺乏对进城农民的有效管理、帮助与疏导,放任城市无产者自生自灭,那么大城市病将如影随形地困扰城市化发展。譬如,在城市化过程中,出现城市交通拥挤、空气和水污染严重、生活设施不便、公共服务供给不足、犯罪现象增多等城市问题,这些问题是大城市病的典型特征。长此以往,一些生活条件优越的人,或者是退休人员,将向城郊或更小城镇流动,形成城市空心化现象。这种现象必然会造成大城市人口减少、小城镇人口增加这种逆城镇化现象。

另一种动因是技术进步。由于现代网络通信技术高度发达,为人们远程办公、在家办公提供了技术上的支持(2019 年年末开始的新冠肺炎疫情,使远程办公实现跨越式发展),人们从此可以不必为了方便工作住在拥挤的城市。另外,现在高速铁路、高速公路等硬件设施非常发达,网络购物、网上娱乐、网上交际变得快捷安全,这也使城市对人们的吸引力下降;反过来,乡村的绿色生态和静谧祥和吸引着追求安逸的人们。于是乡村、小城镇成为人们更高层次的追求所在。

在逆城市化阶段,典型的社会表现为城市人口负增长,政治中心、经济中心、文化中心及居住、休闲、娱乐等功能向有条件的生态环保小城镇、乡村分解。多数逆城市化表现为高收入、高素质人才向生态基础好的乡村流动,从而提升了这些乡村的整体品质(包括文化品质、生态品质等,这是一个良性互动的过程)。另外,伴随逆城市化的往往是,大城市市区出现“空心化”现象。

目前,西方一些发达国家有这种现象,我国北京、上海也有这种倾向。在上海,越来越多的年轻白领,希望能过上周一到周五在市中心写字楼里上班,周六、周日在农村田园风光里休闲的“五加二”式生活。也有不少上班族迫于房价压力,开始了住在城市远郊的跑通勤上班模式。近几年,许多上海人在苏州昆山、吴江附近的乡下小镇购房,以实现他们的“田园梦”。在东南沿海,有为数不少的城里人相中了那些无人居住的无名海岛,盘算着怎样在那里投资,重新开创一番自己的事业。

三、中国城镇化所处的阶段及特点

从总体上来看,中国的城镇化从鸦片战争开始到1998年之前基本上处在城镇化的初级阶段,城镇化发展非常迟缓。从1998年一直到2018年,中国进入城镇化快速发展阶段,而且这一阶段预计还要维持10年左右的时间,之后才能进入高层次的缓慢发展阶段。在目前阶段,由于城镇化快速发展,其产生的巨大需求与人员流动对整个社会产生了巨大影响。一方面,它是刺激国内需求的重要因素(拉动内需);另一方面,城镇面貌、居民社会心理也都产生较强烈的变化。在当前阶段,各级政府要妥善处理数量与质量、浮躁与沉稳的关系。

值得注意的是,中国是一个体量巨大、发展极不平衡的国家。因此,在中国城镇化发展阶段,这个问题上会表现出较大的区域差异性。从中国分省、自治区、直辖市城镇化率(见下表2-1)可以反映出,中国东部地区城镇化水平明显高于中、西部地区的,沿海地区城镇化水平高于内陆地区的,直辖市城镇化水平高于其他地区的,全国平均城镇化率为60.60%,31个省、自治区、直辖市的标准差达到11.58%,这说明各省、自治区、直辖市城镇化率差异很大。其中,北京、天津、上海3个直辖市早在2000年,城镇化率就超过70%,开始进入城镇化缓慢发展的第三阶段,在2010年城镇化率就接近或超过80%。这些数据说明这三大直辖市作为城市经济体,农业经济和农业人口占比已经非常低,其城镇化水平已经可以达到发达国家和地区的水平。而且,上海在2010年城镇化率就达到89.30%,到2019年反而退到88.10%,这说明上海在近10年间已经表现出一定的逆城镇化倾向。

表 2-1 中国分省、自治区、直辖市城镇化率情况统计①

省份	2000 年常住人口城镇化率(%)	2010 年常住人口城镇化率(%)	2019 年常住人口城镇化率(%)	2019 年常住总人口(万人)
全国	36.22%	49.55%	60.60%	140005
北京市	77.54%	85.96%	86.60%	2153.60
天津市	71.99%	79.55%	83.48%	1561.83
上海市	74.60%	89.30%	88.10%	2428.14
重庆市	35.60%	53.00%	66.80%	3124.22
河北省	19.60%	44.50%	57.62%	7591.97
山西省	34.90%	48.05%	59.55%	3729.22
辽宁省	54.24%	62.10%	68.11%	4351.70
吉林省	43.50%	53.34%	58.27%	2690.73
黑龙江省	51.94%	55.66%	60.10%	3773.10
江苏省	41.49%	60.58%	70.60%	8070.00
浙江省	48.67%	61.62%	70.00%	5850.00
安徽省	28.00%	43.01%	55.81%	6365.90
福建省	41.57%	57.10%	66.50%	3973.00
江西省	27.67%	44.06%	57.40%	4666.10
山东省	38.00%	49.70%	61.51%	10070.21
河南省	23.20%	38.50%	53.21%	9640.00
湖北省	40.47%	49.70%	61.00%	5927.00
湖南省	29.75%	43.30%	57.22%	6918.40
广东省	55.00%	66.18%	71.40%	11521.00
海南省	40.11%	49.80%	59.23%	944.72
四川省	29.89%	40.18%	53.79%	8375.00
贵州省	23.87%	33.81%	49.02%	3622.95
云南省	23.36%	34.70%	48.91%	4858.30
陕西省	32.26%	45.70%	59.43%	3876.21

① 本表数据由笔者依据历年国民经济和社会发展公报整理而得。

续表

省份	2000 年常住人口城镇化率(%)	2010 年常住人口城镇化率(%)	2019 年常住人口城镇化率(%)	2019 年常住总人口(万人)
甘肃省	24.01%	36.12%	48.49%	2647.43
青海省	34.76%	44.72%	55.52%	607.82
广西壮族自治区	21.30%	40.00%	51.09%	4960.00
内蒙古自治区	42.68%	55.50%	63.40%	2539.60
西藏自治区	16.85	36.86%	31.50%	350.56
宁夏回族自治区	32.54%	47.90%	59.86%	694.66
新疆维吾尔自治区	33.82%	43.81%	51.87%	2523.22

从 2019 年各省、自治区、直辖市城镇化率来看，除以上北京、天津、上海 3 个直辖市外，还有 3 个经济大省广东、江苏、浙江的城镇化率也超过 70%，这 3 个省常住人口达到 2.5441 亿人，这些数据说明这 3 个经济大省将逐步进入城镇化缓慢发展的阶段。同时，这些数据也反映出经济发展水平与城镇化率的高度正相关关系和相互促进关系。另外，东北三省历史上的城镇化基础不错，早在 2000 年，城镇化率就都超过 50%，但这三省作为老工业基地，产业转型升级滞后，国有企业负担沉重，导致整个东北地区经济发展缓慢，大量常住人口外流，一些东北老工业城市连年出现人口负增长现象。所以，近 20 年来东北三省的城镇化提升年均不足 1%，总体上落后于全国的平均水平。另外，地处内地山区的西藏、云南、贵州、甘肃四省城镇化率不足 50%，尚处在城镇化率加速发展期的早期阶段，未来还有较长的城镇化路要走。从总体上来看，城镇化率低的地区主要集中在西南、西北和河南等地。尤其是，西南和黄淮地区的河南、皖北地区人口密集，工业化和城镇化的水平都比较低，未来这两大区域将成为全国城镇化的主战场，具有很大的发展空间。

当然，如果更加深入地分析还可以发现，即使是各省内部、各区域内部，城镇化发展差异也是非常明显的。譬如，在广东省内部，珠三角核心区、沿海经济带(东西两翼)及北部生态发展区人口城镇化率差异也很大，珠三角核心区与京、沪、津三大直辖市相当，而东西两翼和北部生态发展区仍明显低于全国平均水平，区域差距相当明显。

以上分析说明了我国城镇化发展的地区差异性和复杂性，提示我们可以进行以下思考：第一，经济发展可以引发集聚效应，促进城镇人口集中。因此，搞活经济、发展经济是推进城镇化的前提条件和物质基础；第二，我国城镇化所处的阶段性差异很大，高度城镇化地区对低城镇化地区可能存在虹吸现象，高度城镇化地区将吸引更多的人才、资金集聚，这对于低城镇化地区发展有潜在的不利影响。当然，事物发展总是一分为二的，有利的一面表现为前者的经验可以让后来者少走弯路，前者的帮助可以加快后来者的发展；第三，城市群效应值得重视，城市群的发展可以避免大城市病发生，可以实现城市群之间的自然分工。

第二节 我国城镇化发展的阶段性特征

一、中国改革发展最先得益于小城镇的大发展

我国的改革开放发端于农村，拓展于城市，探索于基层，决策于高层。农村通过包产到户等措施把经济搞活之后，出现了人力资源的相对过剩现象。但是，由于我国户籍、医疗、卫生、教育等社会管理制度改革的滞后性，农村过剩的人力资源受体制制约不能流入城市。因此，农村剩余劳动力就地、就近、保持适度灵活性地转移到居住地附近的小城镇成为一种必然的选择。

改革开放之初，中国经济总体上仍处于短缺经济的状态，整个国家的生产能力严重不足，供不应求是主要矛盾。在计划控制相对薄弱的乡村和小城镇，过剩的人力资源与简单的生产资料相结合，成就了改革开放初期的乡镇企业繁荣。虽然乡镇企业产品质量很难保证，但乡镇企业还是迎来一轮比较好的发展机遇和较大的发展空间。一方面，低端产品在缺乏替代的情况下仍有较大市场；另一方面，中国农村地域辽阔，土地资源充足，在农村或小城镇搞企业、办工厂可以摊薄建设资金成本和人工成本。尤其是在东南

沿海地区，不仅轻工业发展有较好基础，而且城市技术辐射效应比较大，农村、小城镇劳动力资源廉价，这种结合使农民可以做到离土不离乡、进厂不进城，促进了小城镇的较快发展。因此，中国农村工业化与小城镇兴起有密不可分的关系，造就了中国特色的、偏重小城镇发展的城镇化模式。在这种模式下，“小城镇遍地开花”。1978—2004 年，中国建制镇的数量就从 2173 个猛增至 19892 个①。

进入 21 世纪后，我国经历了撤乡并镇、村庄整治等一系列行政区域建制调整，城镇数量进入相对稳定期。截至 2016 年年底，全国共有建制镇 20883个，建成区面积 397.0 万公顷，乡 10872 个（包含民族乡、民族苏木、苏木），775 个乡级特殊区域和 261.7 万个自然村。其中，建制镇户籍人口数量 1.62 亿，村庄户籍总人口 7.63 亿②。

这一阶段，小城镇是中国城镇化的主力军。

二、城市群成为中国城镇化加速器

在不同时期，我国城镇化的重点是不一样的。2000 年之前，我国主要推动发展小城镇，希望以发展小城镇来解决就业、粮食安全、社会稳定等发展中的大问题。2000—2007 年，我国在城镇化发展方面的战略方针是严格控制大城市，积极发展中小城市。其中，2001 年 8 月，国家发改委颁布《“十五”城镇化发展重点专项规划》，提出要通过实施包括改革户籍管理制度在内的 5 项重大改革措施推动落实城镇化战略。该专项规划要求各地可根据当地需要及综合承受能力，以是否具有合法固定住所（包括出租住房）、稳定的职业或生活来源作为决定是否可以落户中小城市的基本条件，大力调整已执行多年的城市户口迁移政策。2007 年之后，我国城镇化发展的战略方针发生较大变化，由过去“惧大”转变为以大城市为依托，推进工业化、城镇化、信息化、农业现代化同步发展。譬如，在 2007 年中共十七大报告中，我

① 张淑英. 中国建制镇统计资料(2010)[M]. 北京：中国统计出版社. 2010：3.

② 中华人民共和国住房和城乡建设部. 2016 年城乡建设统计公报[EB/OL]. 中华人民共和国住房和城乡建设部网. 2017—08—22. 网址：http://www.mohurd.gov.cn/gongkai/fdzgknr/sjfb/tjxx/tjgb/201708/20170822_232983.html

国提出了“走中国特色城镇化道路，按照统筹城乡、布局合理、节约土地、功能完善、以大带小的原则，促进大中小城市和小城镇协调发展，以增强综合承载能力为重点，以特大城市为依托，形成辐射作用大的城市群，培育新的经济增长极”①。此后，以“大城市”和“城市群”推动中国新型城镇化建设成为政界、学界的主流认识。

2019年，为深入贯彻落实党中央战略部署，经国务院推进新型城镇化工作部际联席会议审议通过了国家发改委提出的《2019年新型城镇化建设重点任务》。该文件要求“紧紧围绕统筹推进‘五位一体’总体布局和协调推进‘四个全面’战略布局，坚持和加强党的全面领导，坚持以人民为中心的发展思想，坚持稳中求进工作总基调，坚持新发展理念，坚持推进高质量发展，加快实施以促进人的城镇化为核心、提高质量为导向的新型城镇化战略，突出抓好在城镇就业的农业转移人口落户工作，推动1亿非户籍人口在城市落户目标取得决定性进展，培育发展现代化都市圈，推进大城市精细化管理，支持特色小镇有序发展，加快推动城乡融合发展，实现常住人口和户籍人口城镇化率均提高1个百分点以上，为保持经济持续健康发展和社会大局稳定提供有力支撑，为决胜全面建成小康社会提供有力保障”②。

《2019年新型城镇化建设重点任务》针对城镇化过程中遇到的实际问题，对城市户籍政策、城市发展规划进行一些调整，以积极推动已在城镇就业的农业转移人口落户。文件明确要求，在此前城区常住人口100万以下的中小城市和小城镇已陆续取消落户限制基础上，城区常住人口100万～300万的Ⅱ型大城市也要全面取消落户限制；城区常住人口300万～500万的Ⅰ型大城市要全面放开放宽落户条件，并全面取消重点群体落户限制；超大特大城市要调整完善积分落户政策，大幅增加落户规模、精简积分项目，确保社保缴纳年限和居住年限分数占主要比例。文件同时要求，城市政府

① 胡锦涛. 中共十七大报告[EB/OL]. 新华网. 2007－10－19. http://www.xinhuanet.com/politics/yjsqd/index.htm

② 中华人民共和国国家发展和改革委员会. 2019年新型城镇化建设重点任务[EB/OL]. 新华网. 2019－04－08. 网址：http://www.xinhuanet.com/politics/2019－04/08/c_1124338737.htm

应该探索采取差别化、精准化落户政策，积极推进建档立卡农村贫困人口落户，允许租赁房屋的常住人口在城市公共户口落户。文件要求，总体上要压实地方政府在城镇化过程中的主体责任，强化督促和监测评估机制，为中国特色新型城镇创造良好的制度环境。从这些政府举措可以看出，中国城镇化的重点已经由农村向小城镇的转移，转向了农村、小城镇向大中城市和城市群的转移。

第三节　关于城镇化的路径选择

一、城镇化是一个极具个性的过程

从目前人类社会发展的经验来看，城镇化是人类社会发展到一定阶段必然要经历的一个过程。迄今为止，城镇化作为人类文明演进过程中的一个重要节点，还没有一种文明形态可以使某些国家或地区跨越这个阶段。当然，我们也不排除未来在诸如信息技术、人工智能（AI）等颠覆性技术革命发生后，对人类社会生产方式产生颠覆性变革，或许可以使一些国家或地区超越城市文明这个形态，直接从农业文明形态跨越到其他更高级的文明形态。一切皆有可能，关键是内容决定形式，本质决定表象，生产力与生产关系决定社会存在方式。

马克思主义理论中有一个基本原理，那就是：生产力决定生产关系，经济基础决定上层建筑，这是社会发展的一般规律。用马克思主义的这一基本原理来分析城镇化问题不难发现，城镇化是生产力发展到一定阶段后必然出现的一种人口与产业集聚现象，因为这种集聚可以更好地适应发展的生产力。如果没有工业革命，没有生产方式的客观要求，那么城镇化就不会出现。所以，城镇化只是经济社会的一种表象，是为了适应生产力、生产关系发展要求而出现的，生产力、生产方式是因，城镇化是果。同时，我们要承认，随着信息技术革命带来的生产、生活方式变革，出现逆城镇化也并非不可能。在网络时代，由于技术变革影响生产方式调整，西方一些国家出现的逆城镇化苗头也有其生产力发展的因素。

一个国家实现城镇化的方式，在城镇化过程中表现出的形态、经历的时间长短、对社会大众的影响程度等问题会受到国情、生产技术发展阶段、传统文化等多种因素的影响，充满了不确定性和挑战性。因此，我们说城镇化对于每一个国家和地区来说，都是一个极具个性的问题。不同的国家，甚至是同一国家的不同地区，在不同发展阶段，城镇化速度、质量、社会影响都可能存在着显著差异。我们希望每个国家、每个地区都能够找到最合适的城镇化方式。具体到中国的城镇化来说，我们希望在这样一个较长的、不平衡发展的城镇化过程中，可以找到一种对社会影响积极，对农民伤害较小的，适合中国国情、省情发展的城镇化道路。

二、不同国家城市化过程所表现出的个性差异

检视已经实现工业化、城镇化的国家，不难发现一些差异特征。

(一)城镇化经历时期的差异

各个国家实现城市化所需要的时间是不一样的，大致都经历了一个由长到短、由慢到快的变化过程。譬如，英国作为第一个实现工业化和城市化的国家，从城市化开始起步(暂且以 1688 年资产阶级革命胜利为起点)到城市化率达到 80%的成熟阶段，大约用了 250 年。然而，法国、德国、美国、加拿大等国家经历此过程大约用了 150 年。其中，美国 1830 年的城市化率大约 18%，到 1921 年城市化率大约 51.3%[①]，第二次世界大战结束发展后城市化率超过 70%，大约是以南北战争为分界线，内战之前城市化进展缓慢，内战结束之后城市化进入快速发展阶段。以日本、韩国、新加坡、拉美国家为代表的新兴工业化国家完成城市化过程经历了 30～50 年。之所以用时如此短暂，主要是因为第二次世界大战结束后，世界进入相对制衡的“冷战”时期。出于国际战略竞争的需要，美国和苏联各自在两个阵营内部开展了

① 汪冬梅. 日本、美国城市化比较及其对我国的启示[J]. 中国农村经济. 2003(09): 69～76.

有效的国际分工合作，促进了世界范围的市场、技术、人员交流。因此，这些国家更快地纳入国际分工格局，少走了不少弯路，从而快速实现了工业化和城市化。当然，虽然新兴工业化国家的城市化速度快，但质量未必见得好，后文将对拉美城市化危机进行一些简单讨论。

（二）各个国家城市化的推进动力存在差异

英国的城市化经历了一个较长的酝酿过程。农业领域的革命使英国较早地实现了土地集中与规模经营，“圈地运动”使农村剩余劳动力呈现出较强的流动性。但当时生产力发展水平总体上比较低下，因此这些农村剩余劳动力有一个较长的困顿期。一直到工业革命爆发后，这些“险些被羊吃掉的人”才得以在城市安身立命。因此，在英国城市化过程中，工业生产规模与技术成为决定城市化水平与速度的重要因素。

反观美国，因为美国建国历史短暂（美国于 1776 年建国），其诞生之初就以孟德斯鸠、伏尔泰、卢梭等人的国家理论为指引，以“平等、自由、民主”“天赋人权”等为立国之本，加之美国人烟稀少，地域广阔，土地肥沃，劳动力缺乏，所以美国的城市化不会出现类似英国的“羊吃人”现象。美国农村人口向城市集中的过程平缓而有序，城市人口的增加经常是依靠外来移民。作为一个移民国家，美国的城市化是建立在三次移民高潮基础上的（见表 2-2）。

表 2-2　美国历史上的三次移民高潮①

	发生时间	移民总量	移民来源	移民动力	影响
第一次移民高潮	1820—1860 年	500 万左右	西欧、北欧、非洲黑奴及少量亚洲人。	美国独立后掀起了长达一个世纪的西进运动。在这次美国西部大开发过程中，大批移民来到美国西部淘金。	奠定了美国发展的基础，被美国历史学家誉为“伟大的人类迁徙运动”。

① 笔者依据史料分析整理所得。

续表

	发生时间	移民总量	移民来源	移民动力	影响
第二次移民高潮	1861—1880年	500万左右	仍以西欧、北欧为主。但也有数万华工参加美国东西部铁路建设。	南北战争结束后，美国迎来了工业化的高峰期，劳动力需求旺盛。1864年，林肯总统游说国会通过《鼓励外来移民法》。国务卿向美国驻欧洲的外交官发出通告，要求他们把吸引欧洲移民作为一项最重要的外交任务来对待。企业到欧洲大陆以各种优厚条件招募人员赴美。	助力美国实现向上的突破，成为世界强国。
第三次移民高潮	1881—1920年	2350万左右	东欧国家为主。	美国的成功吸引了全世界人的目光，美国成为移民首选之地。这一阶段，美国开始选择性地吸纳移民，但仍挡不住大家赴美的热情。	走上世界经济巅峰。

经过这三次移民高潮，1920年美国的人口总数首次超过1亿。外来移民改变了美国的命运，促进了美国城市的繁荣，使得美国在短短100多年里能够迅速崛起，取代英国成为世界头号经济大国，并为以后成为世界超级大国打下基础。因此，可以说移民潮铸就了美国的强大。在移民潮中，美国坐享其成，无需教育和培训就从欧洲得到成千上万的熟练工人。

日本、韩国在城市化方面更多是政府依靠产业规划与经济政策指引，在出口导向与进口替代政策的引导下，通过先兴产业再聚人口，人为地推动城市形成与发展。南美各国城市化过程中则呈现出自由放任、肆意“摊大饼”的无序化特征，除了逐利动机以外，很难再找到其他明显的推动力。

(三)各个国家城市化过程中表现出的社会动荡程度不同

最早实现工业化的英国相对来说走过比较多的弯路，经历过“羊吃人”，经历过“雾都孤儿”，经历过无序城市化导致的伦敦大火灾，等等。早期以英国为代表的城市化是建立在资本对破产农民的剥削基础上，从农村破产者到城市无产者，再到劳资之间的尖锐对立，在城镇化过程中社会上出现了较大程度的动荡不安，表现为罢工、破坏机器等现象。当社会财富积累到一定程度后，西方国家开始注重收入再分配，开始缓和社会矛盾，城市化得以完成，并出现逆城市化苗头。美国也出现过一些问题，但要比英国少走一些弯路。

以日本、韩国为代表的亚洲一些国家的城镇化是在社会主义制度与资本主义制度白热化竞争背景下开展的，也曾引发农村、农业的大幅衰退，激起农民对政府的抗议行为。但总体上来看，日、韩国家城市化对农民的伤害不算太大(日、韩国家的农协影响力比较大)，他们主要通过政策引导，让务农人口与进城人口自主选择来实现人口分化。在这一分化过程中，政府通过完善社会保障体系来确保分化过程中不至于出现严重经济社会问题。反观拉美国家的城市化，尽管他们城市化的速度很快(20 年左右)、水平很高(90%左右)，但由于缺乏宏观调控与整体规划，导致从农村进入城市的所谓新市民长期生活在巨大的贫民窟中，给社会治理带来严重的困扰，至今深陷中等收入陷阱而不能自拔。

三、欧美城市化与拉美城市化的本质差异

欧美城市化与拉美城市化究竟有什么不同呢？上海交通大学媒体与设计学院副院长，城市科学研究院院长、首席专家刘士林教授有一个形象的比喻：欧美是“正常的儿子”，拉美是“早产的儿子”。这个评价虽然有些离奇，但确实有其合理性。我们不妨分析一下。

现代城市化进程起源于欧洲工业革命，又被恩格斯称为“得天独厚”“没有中世纪的废墟挡路”的美国承袭和发扬，欧美模式是现代城市化的主要代表，也是当今世界城市化的主流。欧美城市化的主要特点是：城市化率高、城市化与工业化同步发展、主要由市场主导和驱动。

进入 20 世纪中期，原本贫穷落后尚处于农业社会的拉丁美洲地区，在工业化的潮流下，形成了另一种城市化模式。其主要表现为：起点低而速度快、机械模仿欧美模式、城市化过度。各界普遍认为，这个模式很失败，城市

人口增长和城市经济发展失衡导致各种城市问题和危机，所以又称“拉美陷阱”。盲目的城市化使得城市基础设施和公共服务事业跟不上城市发展的步伐，致使城市交通、住房拥挤不堪，城市人口两极分化严重，社会治安和生活环境同时恶化，医疗、卫生、教育滞后，形成所谓的“大城市病”。这种城市化模式导致的严重社会问题，至今仍然困扰着拉美国家，使之深陷中等收入陷阱而不能自拔。而且，同样的问题也发生在非洲、亚洲等国家和地区，是非常值得研究和关注的社会问题。

比较欧美城市化与拉美城市化不难发现，尽管欧美城市化过程中出现过“羊吃人”的圈地运动、发生过“雾锁伦敦”现象，出现“农村人在城里变坏”等不尽如人意的现象，但是从总体上来看，欧美在推进城市化的过程中，这些国家的人口相对于土地来讲是比较稀少的，工业化和城市化带来的经济增长足以维持全部城乡人口比较体面的生活水平。另外，欧美城市化具有自然发育成长的特点，有较长的孕育准备期，在此期间，不仅有工业革命所积累的大量物质财富，也包含现代启蒙运动对公民意识形态领域形成的现代思想意识变革。因此，虽然欧美的城市化进程表面看仅有一两百年的历史，但实际上却有着较长时期的历史条件和社会氛围准备。

然而，拉美国家的城市化却没有这么幸运。与欧美城市化相比，“拉美模式主要是人工刺激和西方诱导的结果，很多内在条件和外部积累都不成熟、不充分，特别是整个进程速度太快，超过了城市基础设施建设、城市经济发展的速度，甚至也超过了城市自然环境和城市人的精神心理承受能力，所以最终难免是畸形的和病态的。退一步说，如果拉美能够像欧美那样，有充足的时间，自然而然地城市化，就不会有什么‘拉美陷阱’。欧美模式最大的启示是，较为成功地保持了各个阶段、各个部分的适度紧张与平衡，如同我们今天在很多欧洲国家所见，城市内部十分平静，很多建筑几百年如一日，城市和农村之间和平共处，城乡生态环境良好。而拉美这个‘早产儿’的最大教训是，大城市钢筋水泥林立，传统空间文脉一片狼藉，农村则是土地、水和空气严重污染，农业经济凋敝”[①]。

① 刘士林．什么是中国式城市化[N]．光明日报．2013－02－18．

可以说，无论是欧美的城市化还是拉美的城市化，都是在特定历史、自然、社会条件下的产物，不仅受当时的科学技术、工业化水平制约，也深受执政党执政方略的影响。欧美城市化有先发优势，也有先发劣势，有成功的一面，也有失败的一面。拉美城市化虽然快捷、可以借助外力辅助，但其不协调、不均衡的发展后患无穷。这些经验教训都值得我们总结、借鉴。

四、中国城镇化初期选择小城镇而非大城市的合理性

在政府层面来看，从党的十六大报告一直到党的十九大报告，国家的一系列政策文件中对农村人口向各类城镇转移过程的表述都是“城镇化”。因此，除了前述历程中表达的自然因素以外，还有基于政府层面的理性思考。

首先，中国在 20 世纪 80 年代设市城市已经有五六百个，到 20 世纪 90 年代中期以后，设市审批已经被严格限制。中国有 2 万个左右的建制镇，建制镇的镇区人口从几千人到几十万人不等。如果我们提出城市化，等于给地方政府一个明确的信号，就是发展城市、发展设市城市的主城区。而与农村保持着密切联系并可以承担大量农业转移人口的小城镇就会被严重忽视。在广东、浙江、江苏、山东、福建等沿海省份，大量的乡镇企业是在小城镇里，甚至在村里。这些乡镇的中小企业包括大型企业，是支撑小城镇发展、接纳农村人口转移就业的最主要产业载体。农村人口向各类城镇转移，特别是向小城镇和县城镇转移，无论是在发达地区还是在中西部地区，不仅具有经济成本低的优点，而且所受的户籍及土地管理制度的约束也少一些。因此，我国提出“城镇化”而不是“城市化”，是符合中国国情的。

其次，推进“城镇化”，更要顾及广大农村人口向城镇转移，需要有一个与他们的就业能力、受教育水平及生活环境相适应的过渡空间。其实，在我国的一些城市，特别是在大城市和省会城市、直辖市，城镇户籍人口的就业能力和受教育水平及对城市文化的适应能力，已经与小城市、小城镇、农村形成了巨大的差异。随着我国经济发展和城市基础设施建设水平的提高，城市形象和面貌发生了天翻地覆的变化。但是也相对固化了城乡居民的利益结构。一些城市居民对进城农民有着严重的心理排斥，担心新进城的外来农村人口影响他们已经拥有的高质量的生存环境。从事实上来看，发达

地区的户籍制度改革严重滞后，特大城市和一线城市的人口控制政策（例如，排斥低端产业的政策）都反映出这种利益结构的差异。这种区域和城乡之间的利益反差会影响社会舆论的变化。因此，我国提出"城镇化"，也就是试图利用我国存在数量庞大的小城市和小城镇，更多地容纳农村转移人口。走城镇化道路，也有利于缓解长期以来城乡利益固化导致的社会矛盾激化。

再次，提出"城镇化"也反映出党对农村工作的重视。2万多个小城镇，在政策制定和管理层次上被列入农村工作的范畴。这一方面说明，长期以来，我国小城镇的发展水平严重滞后，基础设施供给严重不足，在一定程度上与农村的联系更为紧密；另一方面，在统计工作中，县以下的小城镇包括县城都还在农村的统计范围之内。发展小城镇在党的十五届三中全会上，被列入未来农村发展的大战略。即使现在提出的乡村振兴政策中，小城镇的发展、城镇化问题也是工作内容的重点之一。支持小城镇的发展，不仅说明中央政府对农村工作的支持，而且是对农村人口转移选择了适合国情的低成本道路的支持。

更为重要的是，提出"城镇化"也是基于吸取发展中国家城市化进程中盲目进入大城市的经验教训的必要选择。我们看到，在拉美、南亚、非洲及东南亚，在城市化发展过程中，都出现了人口大量地涌入首都和特大城市，产生了严重的城市病。例如，在这些国家的首都和特大城市出现的贫民窟现象、公共卫生安全问题、交通问题、毒品问题和环境污染问题等十分突出，城市化也是形成"中等收入陷阱"的重要原因之一。要避免这些国家出现的严重"城市病"，我们需要发挥各类城镇的疏解作用，让其承担更多的农业转移人口，这是符合我国的基本国情的。毕竟中国的农村人口远远超出其他国家，我们面临着世界上最大规模的城镇化进程。因此，我们当然更要谨慎稳步地推进城镇化。

当然，提出"城镇化"，更要考虑中国城镇管理的特点。中国的"市"并不是严格意义上的城市，其实是行政区。而国际上的城市指的就是主城区的范畴，而中国的"市"还管理着更低等级的市、县和镇。我们看到很多学者在研究中国的城市时，经常把"市"和城市混为一体，甚至这种混淆也严重影响了城市政策的制定。例如，在新型城镇化政策提出的时候，其中有一项重要的内容就是严格控制特大城市人口。可是所谓的特大城市还包括了下辖的地级区和县级市，以及数量众多的建制镇和小城镇，是不是这些下辖的地级、县级、镇级单位，也要实行严格控制人口政策？这种做法实际上等于把中国的城市政策和行政区域政策混为一谈。正因为如此，所以在提到“城市化”的时候，也会影响我们的政策更多地关注行政等级高的“市”，而忽视了行政等级低的“镇”。所谓城镇化，其实更重要的是指包含城市的主城区和建制镇的镇区，在这些已经形成了城市特点的城区或镇区，重点解决农村人口转移和接纳问题。

中共十九大报告中指出，“以城市群为主体构建大中小城市和小城镇协调发展的城镇格局”①，这等于明确了城镇化的基本含义。城市群里包括了大中小城市和小城镇，在全国范围内也是要建立各类城镇协调发展的格局。所以城镇化的含义在这句表述中得到了最明确的解答。

五、中国能否走出一条有别于西方的新型城镇化道路

前文已述，城镇化是一个极具个性的历史必然过程，这个过程究竟如何逾越考验着中国共产党和中国人民的智慧。中国改革开放 40 多年来各方面都取得了巨大成就，城镇化进程更是势不可挡。然而，虽然我国在近几十年的城镇化过程中，总体上采取谨慎探索、稳步发展的策略，取得了许多成绩，但不可否认的是，我国城镇化过程中仍然存在着一些深层次的问题，存在着值得优化和改进的地方。譬如，我国在城乡之间存在的二元治理结构体系一直没有实现根本性突破，导致许多农民工的“半截城镇化”问题迟迟未得到解决；农村土地、集体资产的所有权、经营权、分配权的改革尚不到位，影响了农村生产要素的自由流动等；城镇化过程中交通拥挤、空气污染、水污染、化工污染等现象时有发生，等等。值得欣慰的是，我国有比较强大的制度优势，从中央到地方令行禁止，能够及时发现问题，逐步解决问题。

① 习近平. 中共十九大报告[EB/OL]. 共产党员网. 2017－10－27. 网址：http://www.12371.cn/special/19da/bg/

在当前全面建成小康社会的关键时期，我们对中国特色城镇化道路的认识理解越来越深刻、越来越符合实际情况，我们正在探索出一条具有中国特色的新型城镇化道路。

第三章 中国特色新型城镇化的历史必然性

第一节 中国城镇化的特殊历史背景与发展历程

一、中国城镇化的历史背景

翻阅历史文献不难发现，中国在夏商时期已经产生古代城市，其后，城市发展规模和水平长期居于世界领先地位。譬如，秦统一中国之前，史籍可查的城市有540座，汉唐以后，中国封建社会有了巨大发展，唐都城长安、元大都北京都属于领先的世界级大都市。在8世纪，唐都城长安已经是人口百万的城市了。考古发掘显示，中国古代城市已经呈现非常明显的、布局合理的城市公共服务设施规划和百业分工有序的特征。在1000多年的时间里，中国无论是经济、军事，抑或是城镇繁荣等各个方面都遥遥领先于世界，中国也因此有着世界中心的自豪感。这种局面一直延续到19世纪前后才被外部势力所打破。

近代资本主义兴起后，欧美一些发达国家的城市化开始蓬勃兴起，伴随着两次工业革命，这些国家的城市化逐渐步入一个加速发展阶段，并在20世纪上半叶完成城市化。与之相反，进入近代后的中国，城市化步伐则明显落后于西方世界。不仅如此，资本的逐利本性使西方国家依靠坚船利炮轰开了中国紧闭的大门，中国从万邦朝圣的泱泱大国沦为半殖民地半封建的“东亚病夫”。100多年的近代史是一部用中华民族血泪写就的凄惨历史，也是一部志士仁人不屈不挠拼死抗争的奋斗历史。100多年的被奴役经历，使中国人民对工业化、城镇化有着深厚的向往情结。可以说，绝大多数的中国农民都向往着城市生活，向往欢乐祥和安宁的城乡和谐发展梦。中国的城镇化正是在这种历史背景下，开始了不懈的努力与探索。

二、近代史视野下，中国城镇化历程的简单回顾

（一）中国近代城镇化开始于晚清洋务运动时期

中国具有漫长的以农业文明为主要特征的封建社会历史，一直到晚清洋务运动后，中国才开启现代化的大门，中国的资本主义才开始萌芽。但是，中国的工业化、城市化生不逢时，正赶上内外交困的时刻。从内部来看，民族矛盾日趋激烈，农民起义不断，社会动荡不安；从外部来看，东西方列强出于强烈的殖民心态和逐利动机，纷纷伸出魔爪企图奴役中国。这些主客观因素严重影响了中国现代化进程。可以说，从1840年到1949年的100多年间，中国处于艰难而又缓慢的工业化、城镇化阶段。有关研究显示，1949年我国城市人口总数达到5765万，比1893年增长1.45倍，城镇人口比重由6.0%上升到10.64%①。同一时期世界城镇人口比重的平均水平为28.8%，欧美等发达资本主义工业国家的城镇人口比重则为51.8%。这些数据表明到中国近代历史终结时，我国城市化发展水平在世界上是相当落后的，尚处于城镇化萌芽阶段。

这一时期，中国城镇化表现形式不仅是进程缓慢，还表现为显著的区域不平衡性。就近代中国而言，由于列强通过一系列不平等条约率先在沿海地区开埠通商，大量投资工商业，修建铁路等交通设施，因此，沿海及一些率

① 马先标.百余年近代中国城市化历史回顾与探讨[J].内蒙古大学学报(社会科学版).2017,46(03):6.

先开埠的重镇具有较大的人口吸引力，沿海地区及中部武汉三镇区域形成比较大的城市或城市群。与之形成鲜明对比的是，内地城市发展停滞，甚至衰落。譬如，西安人口由曾经的百万减少到1926年的20万，兰州人口由1901年的55万减少到1921年的32万、1926年的31.4万[①]。

(二)中华人民共和国成立到改革开放前，中国城镇化在曲折中探索

中华人民共和国成立后，随着社会主义制度基本建立，计划经济成为我国经济制度的基本选择，工业化建设逐步推进，城镇化缓慢萌芽。20世纪50年代初，我国在苏联帮助下，制定并实施了国民经济和社会发展第一个五年计划(简称"一五"计划，1953—1957年)，这是一种指令性很强的国家计划，苏联重点援建了156项工程，这些工程主要分布在哈尔滨、齐齐哈尔、吉林、长春、沈阳、抚顺、包头、西安、洛阳、太原、兰州、成都、武汉、株洲等内地城市。苏联出专家、技术，我国则在全国范围内调度人力、物力，新建、改扩建了一大批新兴的工矿业城市(其中，东北作为工业基础比较好的地区，向内地输入了大量的工业技术人才，以支持工矿企业建设)。巨大的需求吸引了大量农村劳动力转移到工矿部门(不一定是城市，因为好多工矿企业是建在山区的小城镇)，城镇数量和城镇人口大量增加。可以说，"一五"计划及苏联援建的"156项工程"在很大程度上改变了我国过去70%左右的工业企业集中在沿海的布局，也改变了我国的城市、城镇布局，推动了城镇化发展。

1955年国家颁布的《关于设置市、镇建制的决定》和1958年颁布的《中华人民共和国户籍登记条例》标志着我国城乡分治的户籍制度正式确立。这意味着农民从农村迁移到城市的通道可以被非常严格地控制住，城乡之间的资源流动被"有计划"地安排处置。在此阶段，由于指导思想上的"左"倾冒进和计划经济体制的高效推进，大量农村劳动力一度被裹挟入城市之中。资料显示，到1960年年末，中国城镇化率(常住人口)已经达到

① 马先标.百余年近代中国城市化历史回顾与探讨[J].内蒙古大学学报(社会科学版).2017,46(03):12.

19.75%,10 年间年均提高 0.83 个百分点[①]。但是,当时的生产力发展水平并不支持这样的高城镇化率,于是,由于各种主客观因素的叠加,20 世纪 60 年代初出现大饥荒、生产停滞、经济发展不协调等现实问题。

60 年代初,为了克服"大跃进"造成的严重困难,我国制定了发展国民经济的"调整、巩固、充实、提高"的"八字方针",1962 年中共中央又召开了"七千人大会",初步总结了"大跃进"中的经验教训,开展了批评与自我批评,此后中国国民经济进入全面调整期。从城镇管理角度来看,当时我国城镇化步伐确实太快,农业生产不足以支撑大量的城镇人口的生活,造成粮食短缺。不得已之下,我国只好"动员城市 2000 万人下乡",以至于毛泽东主席都发感慨:"我们的人民好啊! 几千万人招之即来,挥之即去。"[②]在此背景下,城镇化进入回潮期,一批刚刚设置不久的市退回到县建制,一部分地级市则降为县级市,大量城镇人口又被遣返回农村,于是出现了城镇化率不升反降的中国特色城镇化现象。在此后相当长的一段时期,人口流动受到更加严苛的户籍制度管控。后来,随着国际政治经济形势的发展变化,出于备战考虑,国家在 1964 年启动了"三线"建设计划,人为地在中西部相对落后地区、交通不便的山区、老区开展备战备荒的"三线"建设,为可能发生的战争时期的持久抵抗做准备。这一阶段中西部地区城市数和城镇人口有所增加(沿海地区专业技术人员支持"三线"建设内迁到中西部),虽然从区域协调性来看,东、中、西部城镇化结构似乎有所改善,但总体上来看这是违背经济社会发展一般规律的。从 1960 年到 1978 年的近 20 年间,中国常住人口城镇化率基本保持在 17%~18%,处于长期停滞阶段。这种现象是其他国家城镇化过程中从没有出现过的,属于中国特定阶段的特定产物。直到 20 世纪 70 年代后期,中国城镇化率才开始缓慢回升,一直到改革开放初期的 1980 年,中国的城镇化率也只有 19.29%,仍未达到 1960 年 19.75%的

---

① 国家统计局城市司.城镇化水平不断提升,城市发展阔步前进——新中国成立 70 周年经济社会发展成就系列报告之十七[EB/OL].国家统计局网.2019-08-15.网址:http://www.stats.gov.cn/tjsj/zxfb/201908/t20190815_1691416.html

② 薄一波.陈云同志的业绩与风范长存——为纪念陈云同志逝世一周年而作[N].人民日报.1996-04-10.

水平。可以说，这个阶段是中国城镇化长达20年的停滞期。

从空间布局来看，这一阶段的城镇化呈现北高南低的格局。在“计划”的安排下，以钢铁、煤化工为代表的重化工业基地主要分布在东北和华北地区，因此这些地方的工业化、城镇化水平更高，铁路、公路交通也相对比较发达，北方城市发展有明显优势。

另外，在这一时期，国家出于政治或军事目的也重点建设了不少城市，但这一时期的经济布局、城镇布局是行政命令的体现，并不符合经济自身发展规律。例如，在20世纪70年代前后的“三线”建设中，一大批重点企业“进山、分散、进洞”，人为地将本已集结、集约使用的资源分散到交通困难、资源匮乏的山区，往往一个大型企业就造就一座城。但这毕竟是暂时的、不经济的，等到改革开放后，这些大型企业就逐渐转移到资源集约、交通便利、成本更低、区位更好的沿海城市去了。

（三）改革开放到20世纪末，中国城镇化进入保守发展期

1978年之后，中共十一届三中全会胜利召开，全党全国工作重心转移到发展经济上来，作出了实行改革开放的重大决策。虽然改革从农村包产到户起步，但很快改革重点就转向城市，中国社会经济进入一个高速发展、稳定发展的阶段，中国城镇化进程也步入正常轨道。紧接着，1979年中央政府开始搞“特殊政策、灵活措施”的“特区实验”，划定广东、福建的深圳、珠海、厦门、汕头试办经济特区。试验取得非凡成就，深圳从昔日的一个小渔村发展成如今可以和世界三大金融中心之一的香港相媲美的中国经济第三大城市。进入90年代后，中国改革开放步伐进一步加快，“长三角”“珠三角”、环渤海地区、海南岛、上海浦东等一系列热点地区制度改革先行，经济活力十足，集聚了大量常住人口。热点地区城市和小城镇数量迅速增加。苏州、东莞、无锡、宁波、常州等一大批改革驱动、外贸驱动的明星城市迅速崛起。

1980年，国家建设委员会提出了“控制大城市规模，合理发展中等城市，积极发展小城市”的城市发展方针。这一方针从1984年颁布的《城市规划条例》确认，一直到20世纪80年代末都是我国城镇化的基本指针。与此

同时，20 世纪 80 年代，社队企业改为乡镇企业，农村经济飞速发展，促成了小城镇繁荣。社会学家费孝通开展实地调查并发表《小城镇大问题》《小城镇再探索》《小城镇苏北初探》《小城镇新开拓》系列文章，提出的“小城镇、大战略”对学术界启发颇深，对“苏南模式”“温州模式”“珠江模式”的特征分析极具现实性和前沿性。

随着社会主义市场经济体制的建立和完善，乡镇企业的优势在市场竞争中逐步丧失，由此所带来的城镇化动力也随之锐减。但发展小城镇的实践并未因此宣告结束，这是由中国实际情况和世界城市化规律决定的。1995 年多部委联合发布《中国小城镇综合改革试点指导意见》，选定一批小城镇作为综合改革试点；1998 年，《关于农业和农村中若干重大问题的决定》进一步确认“小城镇、大战略”，城镇化进入加速发展阶段。尤其是 20 世纪末的几年中，随着社会主义市场经济体制的逐渐建立，私营经济和个体经济迅速崛起，带动了大量农村劳动力从农村迁移到城市，城镇人口迅速增长，城镇化率提高很快。但是由于制度改革滞后，进城农民工在医疗、教育、住房、就业等诸多方面遭受到不平等待遇，这种现象直接阻碍了农业转移人口真正融入城市，形成了“半截城市化”这样一个中国特色的城镇化现状。

从 1980 年到 1999 年的 20 年间，中国城镇化率大约上升了 10 个百分点，达到 30.89%（从 2000 年开始，城镇化统计口径发生调整，故 2000 年中国城镇化率一下变成了 36.22%）。这一阶段，由于社会管理的指导思想、具体做法还未实现有效突破，我国城镇化过程中表现出缓慢、动态流动的特征。部分农村人口以农民工的形式进入城镇生活，这些人以青壮年为主，以进城打工赚钱为目的，是城乡之间的候鸟，而且这些人未享有城镇居民的全部权益。

（四）21 世纪以来，中国城镇化进程明显加快，进入质量优化期

进入 21 世纪后，中国由过去只专注经济发展转向关注社会协调发展、可持续发展的轨道上来，城镇化进程也显著加快。这一阶段，前期积累的以农业、农村、农民为主要对象的“三农”问题集中爆发，成为政府关注的严峻的社会问题，“三农”问题也被列为党和国家工作的重心。随后，中央政府试

图从战略高度着手解决这一问题。党的十六大报告提出，“全面繁荣农村经济，走中国特色城镇化道路”；2006年中央一号文件提出，要“积极稳妥推进城镇化，改善教育、卫生、文化等配置”；党的十七大报告提出，“形成城乡经济发展一体化的新格局，积极稳妥推进城镇化，要建设城市群，培育新的增长极”。

2013年，时任国务院总理温家宝在《政府工作报告》中明确表示，要“加快推进户籍制度、社会管理体制和相关制度改革，有序推进农业转移人口市民化，逐步实现城镇基本公共服务覆盖常住人口，为人们自由迁徙、安居乐业创造公平的制度环境”①。

从2013年十八届三中全会到2014年全国两会，新型城镇化建设的思路愈发具体明确。2014年《国家新型城镇化规划(2014—2020年)》正式发布，该规划明确了城镇化的发展路径，强调要紧紧围绕全面提高城镇化质量，以人为本，以城市群为主体形态，以体制机制创新为保障，稳步提升城镇化水平和质量、优化格局。此后，各级政府出台了促进城乡协调发展、保障农民工社会融入的一系列政策措施，加速了农村土地的流转经营，改善了农民工及其随迁子女的就业、土地、户籍、教育、财政、医保和住房等环境，中国城镇化进入新一轮快速发展期。

自中共十八大我国开始强调“坚持走新型镇化道路”以来，政府着力解决高速发展时期由于地区发展不平衡所产生的各类问题，以期从“发展重速度”切换到“发展靠质量”，引导中国特色城镇化走可持续发展的道路。如今，中国特色新型城镇化建设初见成效，质量全面优化值得期待。截至2019年年底，中国城镇常住人口84843万人，常住人口城镇化率达到60.60%。可见，中国城镇化进程进入到基本城镇化的较高阶段。

在这一阶段，城乡差距有所缩小，但绝对差距尚很明显；新进入城镇的农村人口待遇有所提高，但尚未实现与城镇户籍人口同权(待遇)。另外，一些造成中国特色城乡二元结构的根本性制度改革还未实现有效突破，中国的城镇化仍然面临着许多亟待解决的难题。譬如，截至2019年年底，中国

① 温家宝. 2013年政府工作报告[EB/OL]. 人民网. 2013－03－05. 网址：http://finance.people.com.cn/n/2013/0305/c1004－20681552.html

户籍城镇化率只有44.38%，与常住人口城镇化率之间16.12%的差异存在着很多值得研究的问题。

另外，在这一时期，城镇化的重点开始由沿海转向内地。尤其是在2008年国际金融危机发生后，中国面临的对外贸易形势发生复杂的变化，一方面贸易纠纷日趋增多，中国外贸出口难以再现高速增长的局面；另一方面，沿海地区土地、劳动力、税收、环境等综合成本上升，直接导致一些沿海加工企业向郑州、武汉、重庆、成都、合肥、长沙、西安等中西部地区转移。这一时期，中部地区省会城市得到较快发展。

2015年后，我国城市户籍管理政策进一步松绑，除了特大城市以外，城市落户变得相对容易，一些省会城市甚至发生了抢人大战。2019年4月，国家发展改革委发布《2019年新型城镇化建设重点任务》，该文件明确要求各非直辖市城市要积极推动已在城镇实现稳定就业的农业转移人口实现户籍城镇化。“在此前城区常住人口100万以下的中小城市和小城镇已陆续取消落户限制的基础上，城区常住人口100万～300万的Ⅱ型大城市要全面取消落户限制”①。同时，各地为争夺人才，近几年也纷纷出台落户新政，加快外来人口的市民化，增加当地对教育、置业等方面的消费需求，以拉动经济发展。

当然，应该看到，自改革开放以来我国城镇化率总体上是平稳、可控提高的，期间未出现大的社会动荡，没有出现拉美国家的城市化危机，这非常值得称道。从下表3-1可见，中国最近10年以来城镇化率大约以每年1.2%的速率增长，这就意味着我国平均每年有大约1700万的人口从农村迁入城市，这一数字要比大多数欧洲国家的总人口数量还要多(2019年4月30日，50个欧洲国家平均人口数量约是1487.6727万人)。这么大规模的人口异动放在其他任何一个国家都具有重大的系统性社会风险。

前文已述，从各国城市化的历史经验来看，当城市化率超过70%时，城市化的进程将会放缓。因此，预计我国城镇化进程从快速发展到缓慢发展还

① 中华人民共和国国家发展和改革委员会.关于印发《2019年新型城镇化建设重点任务》的通知[EB/OL].中华人民共和国国家发展和改革委员会官网.2019－03－31.

有 10 年左右的时间，到最终实现 80% 的城镇化率目标还有大约 20 年的时间。应该说，未来 10 年中国城镇化的整体表现将决定中国城镇化的整体质量与中国特色城镇化道路的成败。因此，我国城镇化进程正在进入攻坚阶段。

表 3-1　中华人民共和国成立以来的城镇化情况①

年份	城镇化率(%)	年份	城镇化率(%)	年份	城镇化率(%)
2019	60.60	1995	29.04	1971	17.26
2018	59.58	1994	28.62	1970	17.38
2017	58.52	1993	28.14	1969	17.50
2016	57.35	1992	27.63	1968	17.62
2015	56.10	1991	26.37	1967	17.74
2014	54.77	1990	26.41	1966	17.86
2013	53.73	1989	26.21	1965	17.98
2012	52.57	1988	25.81	1964	18.37
2011	51.27	1987	25.32	1963	16.84
2010	49.68	1986	24.52	1962	17.33
2009	46.59	1985	23.71	1961	19.29
2008	45.68	1984	23.01	1960	19.75
2007	44.94	1983	21.62	1959	18.41
2006	43.90	1982	21.13	1958	16.25
2005	42.99	1981	20.16	1957	15.39
2004	41.76	1980	19.39	1956	14.62
2003	40.53	1979	19.99	1955	13.48
2002	39.09	1978	17.92	1954	13.69
2001	37.66	1977	17.55	1953	13.31
2000	36.22	1976	17.44	1952	12.46
1999	30.89	1975	17.34	1951	11.78
1998	30.40	1974	17.16	1950	11.18
1997	29.92	1973	17.20	1949	10.64
1996	29.37	1972	17.13		

① 笔者依据历年国民经济和社会发展公报整理所得。

第二节　中国需要走出一条具有中国特色的新型城镇化道路

一、中国梦需要有中国特色的新型城镇化作支撑

“中国梦”是一个具有强烈时代印记的名词，自2012年11月29日习近平同志在参观“复兴之路”展览时首次阐述“中国梦”内涵之后，“中国梦”一词迅速深入人心并引起全国人民共鸣，成为以习近平同志为核心的新一代中央领导集体的重要执政理念。中国梦的实质是什么呢？习总书记说，“我认为，实现中华民族伟大复兴，就是中华民族近代以来最伟大的梦想”①，他还强调，“我坚信，到中国共产党成立100年时全面建成小康社会的目标一定能实现，到新中国成立100年时建成富强民主文明和谐的社会主义现代化国家的目标一定能实现，中华民族伟大复兴的梦想一定能实现”②。可见，中国梦不仅起着凝聚人心、激励斗志的作用，还是蕴含着深刻内涵的奋斗目标。那么，中国梦的实现与新型城镇化有何关系呢？

(一)中国梦所包含的城乡和谐与安居乐业状态需要新型城镇化助力实现

中国梦含有浓重的儒家文化色彩，它给人描绘的是一种安定祥和的社会环境和仁爱友善的人际关系，其最写实的描述便是《礼记·礼运》中所说的“大同世界”：“大道之行也，天下为公，选贤与能，讲信修睦。故人不独亲

---

① 习近平.承前启后 继往开来 继续朝着中华民族伟大复兴目标奋勇前进[EB/OL].新华网.2012－11－29.网址：http://www.xinhuanet.com/politics/2012－11/29/c_113852724.htm

② 习近平.承前启后 继往开来 继续朝着中华民族伟大复兴目标奋勇前进[EB/OL].新华网.2012－11－29.网址：http://www.xinhuanet.com/politics/2012－11/29/c_113852724.htm

其亲，不独子其子，使老有所终，壮有所用，幼有所长，矜、寡、孤、独、废疾者皆有所养，男有分，女有归。”可见，“大同世界”主要特征就人民安居乐业，城乡共同繁荣。实现这样一种状态的城镇化靠欧美模式不行，靠拉美模式更不行，这就需要我们探索出一条具有中国特色的新型城镇化、工业化、现代化道路。这条具有中国特色的新型城镇化道路就是要服务于中国梦的实现，就是要使中国人民无论是进城，还是留在农村，都可以做到各就其利、各展所长、各有所用、安居乐业、吉庆祥和、共同富裕。这种和谐的社会进步是中国特色社会主义制度的本质要求，也是中国人民长久以来的根本期盼。因此，我们需要中国特色新型城镇化道路来助力实现中国梦。

（二）全面建成小康社会需要走出一条新型城镇化道路

全面建成小康社会是我党在十八大报告首次提出的一个奋斗目标，过去我们讲全面建设小康社会，现在讲全面“建成”小康社会，虽然“建设”与“建成”只有一字之差，但意义却十分重大。“小康社会”是由 20 世纪 70 年代末 80 年代初，邓小平同志在规划中国经济社会发展蓝图时提出的战略构想。随着中国特色社会主义建设事业的深入，其内涵和意义不断地得到丰富和发展。在 20 世纪末基本实现“小康”的情况下，中共十八大报告明确提出了“全面建成小康社会”的奋斗目标。

“小康不小康，关键看老乡”，中国能否实现全面建成小康社会这一阶段性目标关键就是看能否解决好农业、农村、农民问题，能否积极、稳妥地实现城镇化。我国城乡差距巨大的一个重要原因就是农村人口太多，农民人均资源太少，农业生产效率太低。如果我们能够积极稳妥地将更多的农村人口转移到城市中来，让他们享受城市文明的便利成果，过上小康的生活，并且可以增加留在农村的人均资源，能够促进农业产出的商品化、机械化、现代化，提高留在农村的农民的收入水平，让以现代手段务农的农村人口也过上小康生活。唯有如此，我们全面建成小康社会的目标才能落到实处。因此，走出一条符合中国实际的新型城镇化道路不仅关系着城镇的繁荣，也关系着农村的致富奔小康。只有城乡携手进步，人们过上富裕稳定、安宁祥和的生活，中国才能真正以全面小康的姿态立足于世界民族之林。

(三)走新型城镇化道路有助于解决我国经济社会发展中的突出矛盾

尽管我国在40多年改革开放过程中取得了举世瞩目的成就,但是,正如胡锦涛总书记在中共十八大报告中所述,“城乡发展不平衡不协调,是我国经济社会发展存在的突出矛盾,是全面建成小康社会、加快推进社会主义现代化必须解决的重大问题。改革开放以来,我国农村面貌发生了翻天覆地的变化。但是,城乡二元结构没有根本改变,城乡发展差距不断拉大趋势没有根本扭转”①。

就目前现状来看,我国面临的主要矛盾是“小”与“大”的矛盾和“弱”与“强”的矛盾。“小”主要是指生产的小,“大”主要是指市场的大。“小”的主要表现是:我们在农业生产领域,仍然是以小农经济的生产方式为主导;“大”的主要表现是:我们国土面积大,国内市场广阔,又面临日益广阔的全球大市场。“强”的主要表现是:城市相对于农村而言,资源整合能力强,发展势头强。“弱”的主要表现是:农村资源获取能力弱,现代农业发展的势头弱,城乡生态环境脆弱。

我们必须走出一条新型城镇化道路,迅速将已经在城镇就业的农村剩余劳动力市民化,这样可以让劳动者更加稳定、更加专一地服务城镇百业发展,彻底解决劳动力结构失衡问题和季节性“用工荒”问题。农业转移劳动力市民化可以提高其务工专业化程度,可以增加人力资源的人力资本含量。而且,农业转移劳动力市民化不仅给城镇提供充足的劳动力供给,也会拉动市民消费,扩大总需求,促进城镇第三产业发展壮大。因此,走中国特色新型城镇化道路,可以让城镇聚集更多、更好的各类资源并实现更大范围内的优化配置,这将有助于产业结构转型升级,走上良性循环的轨道。另外,走有中国特色的新型城镇化道路能够有效地在发展中解决我国经济社会中遇到的各种难题和矛盾,能够让城镇更宜居、让环境更和谐、让城乡居民生活

① 胡锦涛.中共十八大报告[EB/OL].新华网.2012－11－17.网址:http://www.xinhuanet.com//18cpcnc/2012－11/17/c_113711665.htm

更加有质量，这也是中国梦的根本要求。

二、中国特色新型城镇化道路是我国加快实现现代化的必然选择

西方国家现代化、工业化、城市化的历史经验告诉我们，国家现代化离不开城镇化的支持，离不开工业化与城镇化的同步发展。我党在中共十八大报告也指出，坚持走中国特色新型工业化、信息化、城镇化、农业现代化道路，推动信息化和工业化深度融合、工业化和城镇化良性互动、城镇化和农业现代化相互协调，促进工业化、信息化、城镇化、农业现代化同步发展。而我国的基本国情是，城镇化明显于落后于工业化和信息化，所以，走出一条具有中国特色的新型城镇化道路是我国实现现代化的前提条件。

从发达国家实现城市化的发展历程可以发现，当一个国家城市化率在50%～70%时，是城镇化发展的加速期，超过70%时，城乡差距逐渐消失，城市化的动能消退，城市化速度逐渐降低，并最终接近零。2019年，我国城镇常住人口城镇化率已经达到60.60%，可以说我国已经进入城镇化发展的加速时期。“实际上，发达国家在现代化过程中都有过城市化较快推进的时期，而且这个时期往往也是工业化较快推进的时期。特别是德国和日本正是抓住了现代化发展阶段的历史性机遇，快速推进城市化进程，并最终完成了城市化任务”[①]。

基于对城镇化普遍规律的认同，我们可以预见，在当前及未来10年左右的时间，中国的城镇化率仍然会处在一个快速提高的阶段。我们必须紧紧抓住这一历史机遇期，最大限度地发挥我国的后发优势和比较优势，发挥我国地域辽阔、人口众多的自平衡优势，扎扎实实做好当前的各项工作，注重提升中国特色新型城镇化的质量，突破城镇化发展的瓶颈，全方位提升国家综合实力，为全面建成小康社会，为在21世纪中叶基本实现现代化，为实现中华民族伟大复兴目标奠定坚实的基础。

① 张占斌.新型城镇化的战略意义和改革难题[J].国家行政学院学报.2013(03):48、48～54.

三、中国特色新型城镇化是我国跨越“中等收入陷阱”的需要

“中等收入陷阱”是发展经济学中的一个术语，它指的是一些国家在实现工业化、现代化过程中，当人均国民生产总值达到3000美元附近时，会陷入发展停滞、腐败盛行、社会秩序混乱的状态。近几十年来，许多拉美、东南亚国家长期深陷“中等收入陷阱”而不能自拔。我国作为具有巨大制度优势的社会主义国家，如果不能超越“中等收入陷阱”将变得很被动。我们要发挥我国的制度优势和后发优势，顺利跨越“中等收入陷阱”。第一，最大限度地挖掘城镇化红利。即在发挥制度优势的基础上，利用大量人口进入城镇的时机，加大基础设施与公共服务的投入力度，引导新市民理性消费，使社会总需求稳步提升。通过需求拉动经济增长，从而跨越“中等收入陷阱”；第二，新型城镇化要求统筹城乡发展，确保共同富裕。在大量农村剩余劳动力转入非农产业之后，农村居民的人均资源占有量将会大幅度增加，从而可以促进农业规模化生产、商品化经营，从而加快农业现代化进程，在新型城镇化过程中同步解决“三农”问题，进而逐步缩小城乡差距，实现城乡共同繁荣发展。缩小贫富差距是跨越“中等收入陷阱”的重要条件；第三，新型城镇化有助于提高中等收入者的比重。中国特色新型城镇化要求在国民经济发展中实现城镇化，要求在经济发展中有更多的就业机会和更高的劳动生产率，这些都将使广大中产阶级提高按生产要素分配的收入比重。另外，通过政府的转移支付，使中产阶层成为社会稳定的中坚力量。

中国能否积极稳妥地把握好城镇化发展的黄金时期，以高质量的城镇化缩小城乡差距并拉动内需，注重城镇化与工业化、信息化、农业现代化同步发展，这是关系中国能否跨越“中等收入陷阱”，实现中华民族伟大复兴的关键问题。

第三节　中国特色新型城镇化建设应该有哪些新突破

传统城镇化的弊端与我国在新型城镇化建设过程中面临的诸多挑战，决定了我国在城镇化建设新阶段必须有一些新突破。那么，我们提倡的中国特色新型城镇化应该有哪些新突破、新要求呢？综合学术界对中国特色新型城镇化的理论研究与笔者的研究思考，笔者认为中国特色新型城镇化道路应该有以下几方面新突破：以人为本、“质”优于“量”；政府引导、综合平衡；规划先行、区域联动；资源集约、绿色环保；共同富裕、平稳过渡；配套改革、相互促进。

一、中国特色新型城镇化应该新在以人为本、“质”优于“量”

促进“人的全面发展”是马克思主义的一个重要基本原理，更应该是我国新型城镇化的最根本特色。作为现代化建设的任务之一，中国特色新型城镇化在兼顾城镇化率提升的同时，更要注重质量的提高，其核心在“人”的城镇化。城镇化本身不是目的，城镇化的根本目的是促进“人”的全面发展。因此，城镇化过程要确实体现以人为本，杜绝盲目追逐城镇建设面积的扩大和城镇人口的增加，要挤出城镇化率数据虚高的水分，使人地和谐、城乡融合，实现真正意义上的城镇化和城乡一体化。在推进新型城镇化建设进程中，要尊重当地风俗文化和历史记忆，盘活当地特色资源；要用好原人文景观，营造宽容的环境，保留文化的多元性，避免“城市一样化”和直接的“去乡村化”；要避免为了“城镇化”而“城镇化”，处理好资源环境禀赋与城市承载能力的关系，处理好城镇发展与耕地保护的关系，科学规划城乡用地，实现城乡共荣。

此外，可以设计一套科学合理的评价体系来评价新型城镇化质量，将人的全面发展、土地的可持续利用、生态环境、社会福利等相关的要素综合纳入考量范围，以此来引导城镇化建设，突出以人为本。譬如，在评价指标体系中，要注重选取全域人口的人均GDP、人均受教育年限、人均财政教育支出、人均收入及城乡人均收入差距、人均医疗卫生资源、人均公路里程、合作组织普及程度等关系人的全面发展的指标，并赋予较大权重；要充分关注人均绿地面积、单位GDP的二氧化硫排放量、生活污水处理率等生态类指标；当然也要包括非农产业产值比重、城镇建成区面积等传统城镇化指标。要通过科学有效的城镇化评价体系客观测评新型城镇化各要素的发展质量、协调程度、建设进程及推进效率。引导地方政府在进行新型城镇化建设时心中有数，手中有度。包括笔者在内的诸多学者在新型城镇化评价体系构建方面已经进行过一些探究，期待对城镇化实践有所帮助。其中，吕丹、叶萌、杨琼（2014年）从人口城镇化、经济发展、生态环境、城乡统筹和基本公共服务均等五个维度构建了质量评价指标体系。张引、杨庆媛、李闯（2015年）从城镇化效率和区域协同程度的若干维度综合评估重庆市新型城镇化质量。余江、叶林（2018年）构建了三层次四维度的综合评价指标体系，测评了各省市数据，并就时间、空间两维度进行了比较。

在我国的基本国情条件下，评价体系导向非常重要，城镇化重点测评什么，地方政府就重视什么。以人为本的城镇化质量评价导向必然会让地方政府关注人的全面发展。当城镇化速度与城镇化质量发生冲突时，宁可牺牲一点速度也要确保质量。近代中国已经遭受了太多磨难，人民经不起折腾，人民渴望幸福安宁。因此，中国特色新型城镇化道路必须关注人民身心健康、关注生态环境友好、关注可持续发展。

二、中国特色新型城镇化应该新在政府引导、综合平衡

凡事都是一分为二的，先发有先发优势，后发有后发优势。我国作为一个发展中国家要充分发挥后发优势，充分借鉴已经实现城市化国家的经验和教训，充分发挥我国的制度优势，走出一条有中国特色的新型城镇化道路。笔者在参加城镇化讨论的时候听到这样一种观点，有人认为城镇化应该是一种自发的行为，就像市场有只“看不见的手”一样，当生产力发展到一定阶段后，利益的驱动会使生产要素发生集聚，并自发地实现城镇化，政府不应该干预。笔者认为，这种观点看似合理，但只说明了问题的一个方面。

因为市场这只“看不见的手”有时也会失灵的，所以我们需要宏观调控。世界上没有哪个国家是完全放任市场发挥作用而不加干预。政府不管不顾能否实现城镇化呢？答案肯定是能。但是效果怎样呢？那就不好说了。这个问题就如同问河水能否流入海洋一样，答案肯定是每一条河流最终的归宿都是汇入海洋，但是径流长度、宽度、对流域的影响是大不一样的，可能会泛滥成灾，也可能滋养黎民。城镇化也是这样，完全放任不管有可能引发一系列的社会问题。而且，城镇化本身是一项系统工程，绝不仅仅是农村人口进城的简单问题，而是一个复杂的公共问题，需要公共部门强有力的介入指导。最简单的例子：拉美国家为什么有那么多贫民窟？为什么一些自发形成的居住区一下大雨就会造成严重内涝？为什么一些城市周边垃圾成山、水污染非常严重？试想，靠这些移民能规划好城市排水系统吗？靠单一的个体能解决生态承载力不足的问题吗？

与西方多党制的低效率政府相比，强大的政府执行力是我国的制度优势，我们可以利用这一制度优势积极稳妥地推进，兼顾效率与公平，兼顾社会发展与生态承载能力，走出一条中国特色新型城镇化道路。总结我国城镇化发展比较好的地区（譬如苏南地区）经验，不难发现，科学合理的城镇发展规划，适度的政府政策扶持引导，必要的社会救济保障，完善的教育医疗卫生服务系统，可以帮助农民顺利地从农业文明走向城市文明。因此，中国特色新型城镇化应该新在政府引导、综合平衡，这是中国特色社会主义制度的优势体现。

三、中国特色新型城镇化应该新在规划先行、区域联动

与前文所述一脉相承，中国特色新型城镇化的一个重要特色就是规划先行，保证区域之间协调发展和优势互补。我国在2014年就发布了《国家新型城镇化规划（2014－2020年）》，这是我国第一份针对城镇化问题的专项规划，是在我国进入全面建成小康社会的决定性阶段，在整个国家经济转型升级、加快推进社会主义现代化建设的重要时期，在城镇化深入发展的关键时期，在准确研判城镇化发展的新趋势、新特点、新挑战的背景下发布的国家级发展规划。这份规划充分贯彻了国家的城镇化工作会议精神、《中华

人民共和国国民经济和社会发展第十二个五年规划纲要》和《全国主体功能区规划》编制，按照走中国特色新型城镇化道路、全面提高城镇化质量的新要求，明确未来城镇化的发展路径、主要目标和战略任务，统筹相关领域制度和政策创新，是指导全国城镇化健康发展的宏观性、战略性、基础性规划。

这份规划强调在规划城镇布局时，要处理好城市群与大、中、小城镇的关系，注重大、中、小城市发展的协调性，强调建设特色小镇要避免以往千村一面、千城一面的城乡建设局面，强调各地在规划当地城镇布局时，要明晰当地独特的资源禀赋，尊重历史文化记忆，打造具有特色的中、小城镇，充分利用好特色小镇的优势。

经过一段时间的城镇化建设，到 2020 年，我国已形成长三角城市群、京津冀城市群、粤港澳大湾区城市群、成渝城市群、长江中游城市群、中原城市群、关中平原城市群等 10 多个城市群，区域城市群之间在产业、人才、区位等方面基本形成功能互补、相互促进的格局。当然，未来还应选择据点式与网络式相结合、集中型与分散型相结合的方式，搭建高效网络，加强中心城市核心向周围城市辐射的影响能力。切实使中国特色新型城镇化做到“全国同下一盘棋”，最大限度地发挥规划先行特色，实现区域联动互补，促进社会进步。

四、中国特色新型城镇化应该新在资源集约、绿色环保

20 世纪 80—90 年代，我国的城镇化也走过一些弯路，表现在盲目工业化、无序城镇化、土地城镇化等方面。伴随着粗放型工业化发展方式，“村村点火、乡乡冒烟”，大量耕地被占用，生态环境受到严重破坏，我国的城镇化走上了高耗能、重污染、低效率的发展道路。我国本就是土地资源贫瘠、人口众多的国家，这无疑加剧了人口、资源、环境之间的矛盾。后来，我们及时调整了策略，通过国企改制、发展外向型经济，促使高耗能、低效率的乡镇企业转型升级并改组为公司制。同时，加强城乡规划的法律地位与落实措施，逐步扭转了城镇化发展的不利局面。

在我国已经得到较快发展、成为世界第二大经济体的今天，我们要在城镇化过程中将资源集约、低碳环保、生态可持续作为中国特色新型城镇化的

一大优势，避免先污染后治理、避免土地浪费与耕地闲置并存的现象，走出一条内涵式城镇化发展新路来。近年来，中央提出“集约、智能、绿色、低碳”的新型城镇化标准，这是我们在城镇化实践中必须把握的发展标准，也是我们所期待的中国特色新型城镇化的创新所在。

五、中国特色新型城镇化应该新在共同富裕、平稳过渡

社会主义的本质特征之一是共同富裕，中国特色新型城镇化必须体现这一本质特征。邓小平同志说过，“贫穷不是社会主义，两极分化也不是社会主义”，纵观世界各国的城市化，最大的风险正在于两极分化。因此，中国特色新型城镇化必须避免两极分化，必须把收入差距控制在可以接受的范围之内。目前，我国城乡人均收入差距在2.8倍左右，这是历史因素造成的。如果我们通过新型城镇化建设，逐步缩小城乡差距，实现农村人口有序进城、平稳进城，同时缩小新旧市民的收入差距，那么我们的新型城镇化建设就是成功的，而且是有创新意义的。至于怎样才能实现共同富裕前提下的平稳过渡，将在后面农村合作组织的功能章节详加论述。

六、中国特色新型城镇化应该新在配套改革、相互促进

中国的城镇化是社会主义市场经济体制下的城镇化，中国的城镇化环境是具有显著特质的政治、经济、社会环境。从计划经济向社会主义市场经济的过渡是一项前无古人的事业，在政治体制不发生大变化的条件下，经济体制、社会治理结构实现较大的改变。在这样环境下的城镇化，当然需要有配套的农村集体经济制度、土地管理制度、社会保障制度、户籍管理制度改革。因此，在推进新型城镇化的过程中必须全面深化改革，完善相关配套制度，改变体制和机制上的缺陷。譬如，在城镇化过程中农村集体资产如何分割就涉及农村集体经济体制与市场经济体制如何有效衔接的问题，衔接不好就会影响农村居民进入城镇的步伐，就有可能损害部分农民的利益。与之类似，城乡户籍管理制度、城乡社会保障制度、城乡公共服务供给制度也都存在亟须改革的地方。另外，移动互联网时代也给整个的社会治理带来一些新变化，网络与新技术的应用可以帮助政府理顺管理体制和流程，用

“服务型政府”助力中国新型城镇化建设。与城镇化利益主体相关的配套制度改革是其他国家城市化过程中未有过的。因此，它也应该是中国特色新型城镇化的一种特质体现。

第四章 马克思主义经典作家对城镇化、农民合作问题的论述及启示

本书作为马克思主义类的社科基金项目成果，不应该忽视马克思主义经典作家对城镇化及农民合作问题的基本论述，笔者希望从中找到一些指导原则和解决问题的思路。

第一节 经典作家对城镇化问题的论述

一、马克思主义经典作家对城镇化动力机制的论述

（一）城镇化的初始动力源于农业劳动生产率的迅速提高

马克思主义经典作家认为，农业劳动生产率提高是乡村城镇化的初始动力。从劳动力流动的逻辑层面来看，农业劳动生产率提高之后便会导致农村劳动力的不完全就业，就会形成事实上的农村剩余劳动力，就会产生将农村劳动力从农村解放（排斥）出来的冲动，这也在客观上为城镇工商业发展提供源源不断的劳动力资源。劳动力资源在城镇的集聚，客观上形成了

城镇的繁荣景象。另外，从农产品供给角度来看，如果没有农业生产效率的明显提升，就不会有充分的农产品剩余，继而城镇也就缺少发展的动力，城镇也不可能实现繁荣。马克思指出："因为食物的生产是直接生产者的生存和一切生产的首要条件，所以在这种生产中使用的劳动，即经济学上最广义的农业劳动，必须有足够的生产率……使农业剩余劳动，从而使剩余产品成为可能。"①因此，在分析了农业生产效率提高的影响之后，马克思得出结论：农业劳动生产率提高是农村剩余劳动力和农产品剩余产生的先决条件，是城镇化的初始动力。

（二）城镇化的根本动力是农村工业发展

马克思认为，农村工业发展是城镇化的根本动力，是城镇人口聚集的决定因素。马克思指出："大工业企业需要许多工人在一个建筑物里面共同劳动，这些工人必须住在近处，甚至在不大的工厂的近旁，他们也会形成一个完整的村镇。他们都有一定的需要，为了满足这些需要，还有其他工人，于是手工业者、裁缝、鞋匠、面包师、泥瓦匠、木匠都搬到这里来……当第一个工厂很自然地已经不能保证一切希望工作的人都有工作的时候，工资就下降，结果就是新的厂主搬到这个地方，于是村镇就变成了城市，而小城市又变成了大城市。"②工业革命之后，机器大工业得以较快发展，机器大工业的规模经济和集聚效应得到充分彰显。它必然会对工人产生共同劳动、分工协作的需求，必然会导致生产活动、消费活动的集中呈现。在交通尚不算发达的条件下，工厂必然要建在城镇周边；反过来，城镇必然因工厂而兴旺。因此，农村工业的发展在提高劳动生产率的同时，还使农民的生产方式、生活方式、思想意识受到城市化的影响，从根本上促进了城镇化的发展。

---

① 马克思．马克思资本论[M]（第 3 卷）．中共中央马克思、恩格斯、列宁、斯大林编译局译，北京：人民出版社．1975：715～716．

② 恩格斯．英国工人阶级状况．马克思恩格斯全集[M]（第 2 卷）．中共中央马克思、恩格斯、列宁、斯大林编译局译，北京：人民出版社．1975：300．

(三)城镇化的加速动力是商品经济的快速发展

马克思认为,商品经济发展是城镇化的加速动力。马克思在《资本论》第3卷中指出,"城市工业一旦和农业分离,它的产品一开始就是商品,因而它的产品的出售就需要有商业作媒介,这是理所当然的。因此,商业依赖于城市的发展,而城市的发展也要以商业为条件,这是不言而喻的"①。其实,市镇最早就是为了交易商品而出现的,当进入现代工业化社会的时候,大规模的生产必然带来大规模的销售,大规模的销售必然要求大规模的商品经济发展;反过来,大规模商品经济的快速发展也进一步促进了城镇的繁荣。列宁对此也多有论述,他认为工业部门与农业分离是商品经济发展的必然结果;反过来,商业不发达的经济体,其人口存量的绝大多数都是农业人口。因此,经典作家的论述告诉我们,商业从农业中分离出来,提高了交易效率,促进了生产;反过来,生产的大发展又对商业和城市提出了更高的需求,进一步将城市人口分化,使其专门从事商品流通和其他为生产和生活服务的业务,进而分化出了生产型服务业、消费型服务业。劳动生产率越高,剩余劳动力和剩余产品就越多,交换也就越频繁,商业就越发达,城镇也就越繁荣。

(四)城镇化与农业现代化相互促进

当工业经济迅猛发展需要更多的农产品作原料,需要更多的工人进入工厂出卖劳动力的时候,客观形势就要求农产品不再仅仅是自给自足的基本生活资料,而必须成为被交易的商品。同时,客观形势要求从农业中抽离更多的劳动力进入城镇。这样的结果便是务农人口减少,农产品需求增加,这又在客观上要求有更多的农业生产技术变革去支撑这种变化,需要工具的升级换代去支撑这种变化,需要农业劳动生产率的大幅度提高来维持工农业之间的按比例协调发展。正如列宁指出的那样:"农业愈是被卷入商品

① 马克思.马克思资本论[M](第3卷).中共中央马克思、恩格斯、列宁、斯大林编译局译,北京:人民出版社.1975.371.

流通，农村居民对个人消费工业品的需求就增长的(得)愈快。……对生产资料的需求也增长的(得)也愈快。”[①]可见，城镇化与农业现代化也是相互促进、同步发展的。

二、马克思主义经典作家对城镇化演进过程与结果的预见

(一)早期城镇化模式造成城乡对立的恶果

关于城镇化使城与乡之间发生怎样的变化，马克思曾有预言。马克思认为，古代社会生产力水平低下，人们没有多少剩余，直接导致社会不存在明显的职业分工，公民就业以乡村为主，城市只是作为堡垒作用而出现。只是在资本主义生产方式横空出世之后，伴随着工业革命的发生，以机器为代表的大工业生产方式摧毁了传统的家庭作坊式生产方式，它促进了城市由军事堡垒向工商业中心的转变。工业文明战胜了农业文明，家庭小生产让位于机器大生产。城市由单纯的政治中心、军事中心转变为既是政治中心、军事中心，更是生产中心、交易中心，与之相反，农村却进入衰退和萧条期。城与乡之间的差距越来越大，城乡之间的对立越来越严重。

(二)未来社会城乡关系和城镇化的目标是消除城乡对立

关于未来社会的发展趋势，马克思认为，在无产阶级取得政权之后，城市和乡村之间的对立将很快消失，在工人阶级当家作主的社会，从事农业和工业的将不再是分属两个阶级的同一些人。马克思、恩格斯认为，城乡差距是不平等的体现，必须彻底消灭城乡对立，逐渐形成“农业和工业在它们对立发展的形态的基础上的联合”[②]，通过把农业和工业结合起来的方式，增加工业生产与农业生产之间的内部联系，逐渐将农村人口从贫穷愚昧的状

① 列宁.列宁全集[M](第3卷).中共中央马克思、恩格斯、列宁、斯大林编译局译，北京：人民出版社.1984：279.

② 马克思.马克思资本论[M](第1卷).中共中央马克思、恩格斯、列宁、斯大林编译局译，北京：人民出版社.1975：552.

态下解救出来，从而从根本上消灭城乡之间的对立状况。可以说，工业与农业的结合是消灭剥削、实现社会进步的根本所在。

（三）改造农业和转变农民是城乡融合变革的根本路径

关于城乡融合发展的过程，马克思、恩格斯认为，城乡融合发展的过程实际上就是城市文明和现代生产方式向农村扩展和对传统农业改造的过程。现代社会工业化的过程就是现代工业对小农生产的掠夺和资本主义生产方式对自然经济的战胜过程。一方面，现代生产方式向乡村和农业的扩展，对农村经济产生冲击具有历史的必然性。因为只有在大工业时代才能用机器设备为农业生产效率提高奠定牢固的基础，才能把农民从农村驱离，使其进入城市，才能迫使农业与家庭手工业彻底实现分离，唯有如此科学技术才能真正用于改造农业生产；另一方面，马克思认为，工厂制度可以运用在现代大农业中，使农业生产领域发生一些积极的变化，最终资本主义也将统治农业生产。

另外，马克思、恩格斯还对城市化过程中劳动者就业方式、就业地点转换，劳动者社会属性转变、劳动者自身素质提升等相关问题进行了论述。他们认为，"资本主义生产方式进入农村和农业的过程，在冲破小农私有制的同时，推动了农民向城市就业的转移。小土地所有者的前提是：人口的最大多数生活在农村，占统治地位的，不是社会劳动，而是孤立劳动。大土地所有制使农业人口减少到一个不断下降的最低限量，而同他们相对立，又造成一个不断增长的拥挤在大城市的工业人口"①。农民在将孤立劳动变为社会劳动时，需要主动或被动地提升自身的综合素质。

① 曹钢，曹大勇，何磊.论马克思的城市发展思想与国际城镇化百年革命——兼论中国特色城镇化道路的创新问题[J].陕西师范大学学报(哲学社会科学版).2013(01)：5～17.

第二节　马克思主义经典作家论合作制

一、马克思、恩格斯的农民合作思想

(一)恩格斯写作《法德农民问题》的时代背景

马克思生前对合作制尤其是农民合作问题着墨不多,但作为马克思挚友和事业合伙人的恩格斯对合作制及农民在社会革命中的角色问题多有论述。其思想主要体现在1894年发表的《法德农民问题》一文中。恩格斯写的《法德农民问题》是马克思主义关于解决农民问题和对农业进行社会主义改造的最重要文献,《法德农民问题》发表在德国社会民主党的理论刊物《新时代》上。

19世纪末期,资本主义生产方式在欧洲大陆已经占据主导地位,成为社会生产的中坚力量。法国和德国作为欧洲大陆国家虽然落后于英国,但也大有后来居上之势。资本主义势力的扩张让法国、德国的农村社会动荡不安,大农资本主义化,小农则纷纷破产,成为无产者或半无产者。即便是暂时尚未破产的小农和中农,其处境也是每况愈下,惶惶不可终日。这些农民逐渐躁动起来,成为当时社会革命的一股重要力量。能否把广大农民吸引到工人阶级方面来,是关系无产阶级革命事业成败的关键。因此,正确地制定针对农民问题的路线和政策,就成了法国工人党和德国社会民主党面临的迫切任务。

当时,农民作为一支重要的社会政治力量,是各个阶级都在争夺的对象。大地主、大资产阶级为了拉拢农民,大力进行欺骗宣传,把自己打扮成农民的"朋友",极力挑拨工人与农民之间的关系,妄图引起农民对工人的怀疑和憎恨。法、德两国的工人阶级政党,出于在合法斗争中取得农民支持的需要,从忽视农民问题转到注意争取农民群众上来,这应当说是一个进步。但是,在如何争取农民、解决农民土地问题方面,法、德两国的马克思主义政

党都犯有违反科学社会主义基本原理的右倾错误。他们为了取悦农民，在选举中增加选票，竟然不惜违背科学社会主义关于消灭私有制、实行生产资料公有制的原理，对农民的小资产阶级幻想和私有观念，甚至对农村富裕阶层的剥削，作出了无原则的让步。1892 年，法国工人党在马赛召开的代表大会上通过，并在 1894 年南特代表大会上又进行了补充的土地纲领中，向农民许下了一系列背离马克思主义的诺言。1894 年，德国社会民主党在法兰克福召开代表大会，福尔马尔引述南特纲领的错误观点就土地问题向大会作报告，还捏造谣言说这个纲领得到了恩格斯的赞同。此外，他还要求在党的土地纲领中，不仅要反映劳动农民的利益，而且要反映农村富裕阶层及农村资产阶级的利益。法、德两国工人阶级政党的机会主义错误在第二国际各国党内具有较大的影响。为了从理论上及时批判和纠正在农民问题上的机会主义错误，解决工人政党在斗争中遇到的新课题，1894 年 11 月，恩格斯运用长期研究农民问题的成果，撰写了《法德农民问题》，系统地阐明了马克思主义关于农民问题的理论和基本原则，提出了农业社会主义改造的基本纲领。

《法德农民问题》由三部分内容构成，包括引言和两章内容。在引言里，恩格斯深刻地论述了农民问题和建立工农联盟在无产阶级革命中的重要性。在第一章里，恩格斯分析了农村中不同阶级和阶层的状况，批判了法国工人党关于土地纲领的机会主义错误，阐述了解决农民问题和建立工农联盟的原则和政策。在第二章里，恩格斯着重论述了无产阶级夺取政权以后，对农业进行社会主义改造的理论和政策，为工人政党制定了第一个关于农业社会主义改造的科学纲领。

首先，恩格斯认为，建立工农联盟是解决农民问题的中心点。无产阶级在推翻资本主义、实现社会主义的斗争中，必须争取和联合广大农民群众，建立巩固的工农联盟，这是马克思、恩格斯在 1848 年革命前后就已经提出的一项重要原则。恩格斯坚持把工农联盟同无产阶级夺取政权直接联系起来。他指出，为了夺取政权，工人政党在当时的主要任务是：(1)“应当首先从城市跑到农村，应当成为农村中的力量”①，对农民反复进行宣传教育，不是向农民作出许多不能实现的许诺，而是向他们指明寻求解放的社会主义方向，使他们从亲身经历中真正认识到“我们毕竟是更加可靠的人”。(2)工人党应该揭下那些硬要跟农民做朋友的大地主虚假面具，要把广大农民从地主资产阶级的蒙蔽和欺骗下解放出来，变成无产阶级的同盟军。因此，社会主义工人政党争取农民，建立巩固的工农联盟是解决农民问题的中心点。

其次，恩格斯认为，依靠小农是建立工农联盟的重心。恩格斯针对南特纲领提出的“联合农村生产的一切成分”的错误给予了严肃批判。他坚决否认关于社会主义工人政党有义务吸收农村无产者和小农以外的其他任何人的观点。他认为，要联合农民就必须对农村居民的复杂状况进行阶级分析，只有区别不同情况，才能制定出正确的政策。那么，农村居民中有哪些是可以吸收到社会民主党方面来的呢？为了解决这个问题，恩格斯根据农村居民占有生产资料的不同，把农村居民划分为农业无产者(男女长工、短工)、小农、中农、大农和大土地占有者。小农是自己有一小块土地，靠自己劳动为生的农民；中农有较多的生产资料和土地，雇少量的短工或长工耕种土地；大农占有更多的土地和生产资料，雇较多的长工和短工耕种土地；大土地占有者，占有大量的土地和生产资料，采取资本主义经营方式，大量地雇长工和短工耕种土地。只有在阶级分析基础上，才能确定无产阶级在农村中的依靠力量。恩格斯用了较多篇幅着重分析了小农的经济地位和政治态度，认为小农是建立工农联盟的重心。他认为，依靠小农，代表小农利益，是确定对中农、大农和大土地占有者政策的依据。为什么小农是建立工农联盟的重心呢？这既是因为小农在农村居民中占多数，又是由小农的特点决定的。恩格斯在这篇文章中还指出了小农的两个重要特点：一是说，小农既是小私有者，又是劳动者(这是进行合作的基本前提)。从掌握有限的生产资料来看，他们虽然是劳动者，但又与一无所有的无产者不同；从是否参加劳动来看，他们虽然是小私有者，但又与剥削阶级有本质不同。二是说，小

① 恩格斯.法德农民问题.马克思恩格斯全集[M](第22卷).中共中央马克思、恩格斯、列宁、斯大林编译局译，北京：人民出版社.1995：563～587.

农代表的终究是落后的生产方式，在社会发展潮流中将不可挽回地走向灭亡，并成为未来的无产者。

再次，坚持社会主义原则是建立工农联盟的基础。法国工人党为了迎合小农的私有观念，在南特纲领中提出了“保护小农小块土地”以挽救小农的主张。这个纲领对农业工人和小农提出的许多要求，“也是不必使现存资本主义制度受到什么特别损害就可以实现的”[①]。因此，这个纲领具有维护资本主义制度的特征，违背了社会主义原则。恩格斯对这种背离社会主义原则的错误进行了批判。

恩格斯指出，南特纲领“有一点是完全正确的：违反小农的意志，任何稳固的变革在法国都是不可能的”[②]。这里的问题是，究竟应当怎样代表小农的意志。法国工人党为了争取小农，获得更多的选票，便迎合小农的偏见，许下很多明知不能实现的诺言，要把小农变成自由的小私有者。这种做法是不会使小农得到解放的。即使暂时能把小农吸引过来，当他们发现这些许诺不能实现时，就会立即离开。因此，用背离社会主义原则的欺骗手段建立起来的工农联盟是不牢固的。工人政党要争取小农，建立巩固的工农联盟就必须坚持社会主义原则。工人政党应当明白地向小农指出，资本主义的社会化大生产将会无情地淘汰小农及其生产方式，要想摆脱贫困与破产的命运，就必须同地主、资产阶级的剥削和压迫作斗争，同工人阶级一道去推翻资产阶级的统治，走社会主义道路，这才是小农获得解放的唯一出路。

（二）通过合作生产对农业实行社会主义改造

在无产阶级夺取政权以后，应当如何引导农民走向社会主义道路，巩固和发展工农联盟，这是考验恩格斯智慧的一个重要问题。他认为，各个国家和地区的农民情况都很复杂，不能简单地“一刀切”，必须因时、因地采取针对性措施解决这一问题。同时，恩格斯认为，通过合作社的形式，实现对农

---

① 恩格斯．法德农民问题．马克思恩格斯全集[M]（第22卷）．中共中央马克思、恩格斯、列宁、斯大林编译局译，北京：人民出版社．1995：563～587．

② 恩格斯．法德农民问题．马克思恩格斯全集[M]（第22卷）．中共中央马克思、恩格斯、列宁、斯大林编译局译，北京：人民出版社．1995：563～587．

业的社会主义改造是条可行的路径。

恩格斯认为，无产阶级掌握国家政权以后，应当逐步把农民的私人生产变为合作社的集体生产，把农民的私人占有变为合作社的集体占有。“无产阶级政党主要的任务是使农民明白地看到，我们要挽救和保全他们的房屋和土地，只有把它们变成合作社的占有和合作社的生产才能做到。由于无产阶级夺取政权以前，不同阶层的农民对土地的占有状况各不相同，因而合作社的具体形式必然是多样的”[①]。恩格斯认为，合作社的形式可以是由个体农民组成的较低形式的合作社，也可以是在国家领导下独立经营的较高级形式的合作社。由于合作社把小块土地结合起来进行大规模经营，劳动效率可以大大提高，这样一部分劳动力就可以节余下来。恩格斯认为，劳动力的节省是合作社的主要优点之一，国家要给多余的劳动力找工作，让他们为社会创造更多的物质财富。

恩格斯还预见到，合作社从低级形式向高级形式过渡的必然性。当合作社的发展使广大农民的经济地位和物质文化生活得到很大提高和改善时，当国家领导机构在农民中有了必要的威信以后，无产阶级国家就可以领导农民“逐渐把农民合作社转变为更高级的形式，使整个合作社及其个别社员的权利和义务与整个社会其他部分的权利和义务处于平等的地位”[②]。因此，恩格斯认为，合作化的道路是农民走向共同富裕的道路，是获得彻底解放的道路。

（三）必须根据农村居民的不同情况实行不同的政策

恩格斯在对农村居民进行全面分析的基础上，对无产阶级取得政权后如何对待各个农村阶层提出了自己的政策与主张。

1. 无产阶级取得政权后如何对待小农。恩格斯在《法德农民问题》中说：“我们对于小农的任务，首先是把他们的私人生产和私人占有变为合作

---

① 恩格斯．法德农民问题．马克思恩格斯全集［M］（第22卷）．中共中央马克思、恩格斯、列宁、斯大林编译局译，北京：人民出版社．1995：563～587．

② 恩格斯．法德农民问题．马克思恩格斯全集［M］（第22卷）．中共中央马克思、恩格斯、列宁、斯大林编译局译，北京：人民出版社．1995：563～587．

社的生产和占有，但不是采用暴力，而是通过示范和为此提供社会帮助。”①小农作为小块土地的所有者，在进行社会主义改造时必须注意：“第一，要旗帜鲜明地向小农宣传建立合作社的优越性；第二，对小农的生产资料私有制不能利用暴力手段加以剥夺，只能采取说服教育和典型示范的方法，使小农通过事实认识到合作社的道路最符合他们的利益；第三，当小农还没有认识到建立合作社‘是为了他们自己的利益’，‘是他们唯一得救的途径’时，无产阶级政党必须耐心等待；第四，无产阶级国家要‘很慷慨地对待农民’，对合作社给予各方面的社会帮助。”②

2. 无产阶级取得政权后如何对待中农和大农。恩格斯指出，这类农民同样是要不可避免地走向灭亡的。因为，不管是中农还是大农，子女继承农业会造成分家，经营不善会导致欠债破产或被迫卖地维生。另外，随着国际贸易日益发达，海外的低价农产品竞争也可能使这些中农或大农破产。因此，恩格斯认为，对于夹杂在小块土地农民中间的这部分中农，他们自己也参加劳动，“在利益和观点上是跟小块土地农民没有什么本质区别的”③。因此，取得政权的无产阶级政党应该引导他们与小农共同组建合作社。对中农和经常需要雇工的大农来说，无产阶级政党应该在保护工人阶级利益的前提下，将中农和大农联合为合作社成员，并在合作社内逐渐改造和同化这部分人。当然，如果这部分人不接受这种建议，那么无产阶级政权应给予一定时间的等待，并敦促他们改变态度。恩格斯认为，对这类农民（中农和大农）“也将拒绝实行暴力的剥夺”④。因为随着经济社会的发展，特别是当合作社的优越性充分显示的时候，即便是比较顽固的中农与大农，也将会改变态度。

---

① 恩格斯．法德农民问题．马克思恩格斯全集[M]（第22卷）．中共中央马克思、恩格斯、列宁、斯大林编译局译，北京：人民出版社．1995．563～587.

② 张志忠．马克思主义的农业合作制理论[J]．内蒙古大学学报（哲学社会科学版）．1991，23(02).

③ 恩格斯．法德农民问题．马克思恩格斯全集[M]（第22卷）．中共中央马克思、恩格斯、列宁、斯大林编译局译，北京：人民出版社．1995：568.

④ 恩格斯．法德农民问题．马克思恩格斯全集[M]（第22卷）．中共中央马克思、恩格斯、列宁、斯大林编译局译，北京：人民出版社．1995：563～587.

3. 无产阶级取得政权后如何对待大土地所有者。恩格斯在《法德农民问题》中指出，大土地占有制与资本主义企业并无本质区别，在无产阶级取得政权后，必须对其十分迅速剥夺。恩格斯认为，农村的大土地所有者等同于城市的资本家，农村的雇工（农业工人）等同于资本家企业里的工人，大土地所有者靠剥削而生，是典型的腐朽寄生阶级，他们应该与资本家一样成为无产阶级革命的对象。当然，由于这只是对未来的假想，究竟采用什么样方式来进行剥夺，恩格斯没有具体地给出，只是认为应该根据各个国家的具体情况来最终确定。另外，对于可否用赎买的方式剥夺，恩格斯只是说，“我们并不反对和平赎买”，当然，这更多地取决于这些大土地所有者的态度。同时，恩格斯又说：“假如我们能用赎买摆脱这整个匪帮，那对于我们是最便宜不过的事情了。”①无产阶级政权国家应该把剥夺来的大土地所有者的土地收归国有，然后转租给农民合作社去耕种，合作社向国家缴纳一定数额的税金或租金。这样，既可以防止土地继续按资本主义方式经营，又可以将合作社置于国家的领导下，保证合作社沿着社会主义方向发展。

恩格斯根据农村居民不同的土地所有制情况，提出的这些设想，绝不是要束缚人们的手脚。他再三强调，究竟应该怎样在具体的情景下解决农民问题，将取决于各个国家、各个地方的具体情况和无产阶级夺取政权时的具体背景。也就是说，人们一定要从实际出发，将原则和实际结合起来，创造出适合本国情况的农业社会主义改造的具体形式和办法。社会主义实践证明，恩格斯关于农业社会主义改造的道路和政策是完全正确的。

二、列宁的合作制思想

列宁对合作制多有论述，他把合作制看作实行社会主义改造的有效途径。列宁关于合作制的思想，主要体现在其重要著作《论合作制》一文当中。列宁希望通过这篇文章为苏维埃俄国引导农民走上社会主义道路提供具体的理论和政策指导。

① 恩格斯. 法德农民问题. 马克思恩格斯全集[M]（第 22 卷）. 中共中央马克思、恩格斯、列宁、斯大林编译局译，北京：人民出版社. 1995：563～587.

(一)列宁《论合作制》的时代背景

1918 年十月革命胜利之后，苏维埃社会主义共和国成立，然而不久即暴发了反动分子的武装叛乱，同时一些国外的武装干涉也令苏维埃俄国动荡不安，如何建立和稳固社会主义俄国，稳定农民和农业成为列宁必须着手解决的现实问题。1921 年局势稍有好转，苏维埃俄国便开始由战时共产主义向新经济政策过渡。因为执行新经济政策，苏维埃俄国国内的一些资本主义势力产生活跃迹象，苏俄布尔什维克党内一些人开始怀疑俄国是否能建立起社会主义制度。左派与右派对俄国农村诞生的合作社的性质、功能、地位认识不清、看法不明，产生了一定的思想观念混乱。基于现实的迫切需要，列宁在病榻上口授完成了《论合作制》这一光辉文献。该文献旨在统一思想，明确方针策略，积极引导农民以参加合作社的形式参与社会主义建设。

该文于 1923 年 1 月初完成，经过反复修改后于同年 5 月 26 日至 27 日在苏维埃《真理报》上全文发表。文章主要分为两部分：第一部分论述了合作制对社会主义俄国的重大意义。第二部分则主要论述了在无产阶级专政条件下合作社的性质。列宁认为，合作社主要受它所处的国家环境影响。“在资本主义国家，合作社是集体的资本主义组织，而在苏俄的具体经济情况下，在工人阶级掌握国家政权和全部生产资料的条件下，作为集体企业的合作社与社会主义企业没有区别，合作社的发展就等于社会主义的发展。列宁认为合作制是完成农业社会主义改造和引导农民走社会主义集体化道路的必然选择”[①]。

(二)合作制的性质取决于它所依存的社会环境

列宁指出，合作社的性质取决于它所依存的、占统治地位的经济关系和国家政权的性质。在资本主义国家中，它是集体的资本主义组织，而在社会

① 列宁．论合作制．列宁选集[M](第 4 卷)．中共中央马克思、恩格斯、列宁、斯大林编译局译，北京：人民出版社．2012：684.

主义国家，它就是社会主义集体性质的。列宁认为，可以从流通领域开始引导农民走向合作化道路，因为商业合作社是效果最直接、最明显的组织形式，也是农民最容易接受的组织形式，要循序渐进地引导农民过渡到社会主义。

（三）建立和完善社会主义合作社是一项长期艰巨的任务，需要政府各方面的大力支持

列宁认为，合作社与其他工业企业一样，需要启动资金支持。他甚至认为，国家银行要贷款给合作社，就像给重工业国有企业一样多；合作社要比私人企业获得更多的贷款资金和更低的贷款利率；国家要对合作社及其成员设置更多的奖励项目，以调动合作社及其成员的事业热情。

列宁认为，合作社的建立和完善是一项长期、复杂、艰巨的任务。要从思想上、观念上对其足够重视。只有通过长期的努力才能使劳动农民从旧的小生产所有者过渡成社会主义建设者，这不仅是一个经济建设过程，也是一个影响农民思想观念的文化建设过程。唯有如此，才能把苏维埃俄国建设成为完全的社会主义国家。

（四）实行合作制需要教育和培训农民

列宁在文章中还强调指出，国家不仅要在财政上支持合作社事业，还需要在合作社教育培训方面开展强有力的工作。只有在思想和文化意识达到某种条件后，合作社事业才会蒸蒸日上。因此，他认为，要把合作化提升到文化革命的高度。只有整个文化的大革命、大发展才能促进合作化的大发展。因此，他要求各级合作社管理人员和合作社社员要学习、学习、再学习，培训、培训、再培训，通过培训和学习使合作社增强凝聚力，提高生产力，从而可以吸引更多的人加入合作社队伍中来。

第三节　马克思主义经典作家关于城镇化和农民合作相关论述的启示

马克思主义经典作家关于城镇化和农民合作的相关论述虽然只是散见于其政治经济学、科学社会主义理论之中，并没有形成非常系统、完备的分支理论，但马克思、恩格斯、列宁等经典作家所站的高度是常人所不具备的，他们往往是站在社会历史发展的高度揭示城镇化、农民合作发展的必然性、可能走向及矛盾冲突等。他们对城镇化发生的根源、社会作用、存在形态、发展前景的揭示与预测，对我们今天所要建设的新型城镇化具有战略层面的指导意义；他们对农民合作产生的必然性、局限性、农民合作作为社会主义改造途径的相关论述，对我们今天所要建设的新型城镇化具有操作层面的指导意义。

一、马克思主义经典作家城镇化论述的启示

（一）决定城镇化水平的根本因素是生产力发展水平

马克思关于城镇化动力机制的研究告诉我们，城镇化是社会生产力水平发展到一定阶段的必然产物。当生产有了大发展，农业剩余有了充分的积累，劳动分工必然会大发展，城镇功能也必然会越来越强大。这是生产关系必须适应生产力发展的表现形式之一。我们不能阻碍生产关系的调整，也不能人为超越生产关系的自然调整。中华人民共和国成立 70 多年以来的发展经验也充分证明了这一点。

中华人民共和国成立后，我们以"大跃进"的方式超越生产力发展水平限制，在广大农村构建起人民公社形式的生产关系以匹配当时的生产力发展，结果直接导致农业生产的徘徊不前，生产力发展遭到极大破坏。"左"的教训是惨痛的，我们必须时刻警惕。

然而，改革开放 40 多年来，我们"摸着石头过河"，从农村家庭联产承包

责任制到城市国有企业抓大放小、股份制改造，从“以计划经济为主，市场调节为辅”到旗帜鲜明地建设社会主义市场经济体制，我们积极稳妥地改革创新，造就了我国持续 40 多年的高速发展，取得了令世人瞩目的巨大成就。40 多年间，我国实际 GDP 扩大了 34 倍，年均增速达到 9.5%，占全球经济的比重由 1.8%上升到 15.2%；基本建成了完整的现代工业体系，经济结构日趋丰富完善；人民生活水平显著提升，城乡建设突飞猛进。这些成绩不论是与中国历史上的其他时期纵向比较，还是与英国、德国、美国、苏联、日本、韩国等其他国家历史上相应的高增长时期横向比较，都更为突出，堪称人类经济史上“奇迹中的奇迹”。我国的粮食产量从 1978 年的 6000 多亿斤，发展到 2019 年的 13277 亿斤①。农民人均收入也从 1978 年的 134 元②上升到 2019 年的 14617 元(可支配收入)。在生产力有如此大飞跃的情况下，我国农村的改革应该算是相对滞后的，用句俗语讲就是“起了个大早，赶了个晚集”。中国的改革最初是在农村开始的，然而，持续时间不久就陷入停滞期。社会化大生产与农村承包经营制度和户籍制度所决定的小规模、零碎化家庭经营矛盾日益显现。这一矛盾在 20 世纪末期发展到极致，以至于我国著名“三农”学者(曾经的乡党委书记)李昌平先生在 2000 年 3 月上书时任国务院总理朱镕基时，喊出“农村真穷、农民真苦、农业真危险”的话语。进入 21 世纪后，“三农”问题日益受到重视，户籍制度改革，农村土地所有权、承包权、经营权三权分置改革开始尝试和推广，这是符合马克思主义经典作家对城镇化发生机制的解释的。虽然农村的改革来得有点迟，但至少是启动了，且方向是正确的。

(二)城镇化的最终目的是消灭城乡对立

马克思关于城乡对立发生的预见是极其精确的。机器大工业摧毁了旧的生产方式，城市生产活动进入人员高度密集、资本高度密集、产品高度密

---

① 国家统计局. 关于 2019 年粮食产量的公告[EB/OL]. 国家统计局网. 2019－12－06. 网址：http://www.stats.gov.cn/tjsj/zxfb/201912/t20191206_1715827.html

② 冯煦明. 改革开放四十年的九条经济学智慧[EB/OL]. 澎湃网. 2018－12－03. 网址：https://www.thepaper.cn/newsDetail_forward_2699474

集的阶段，城市的功能由过去的军事防御功能变为商品生产和交易功能、人员交流和社会组织功能。城乡之间的差距日益扩大，使城市对农村有一种自然而然的资源集聚特征，在一“推”一“拉”之间，城镇繁荣、农村凋敝便成为一种必然现象。

为了尽快消除城乡对立，我们应该促进城乡之间资源的双向流动。一方面，将农村边际回报率低的剩余劳动力平稳有序地转移到城镇来；另一方面，城镇资本、技术、文化要能够渗透到农村去，提高和改善农村资本的有机构成，用工业化生产方式改造传统农业，最终实现城乡一体化发展，使农业与工业、城市和乡村之间的对立消失，进而实现“从事农业和工业的将是同一些人，而不再是两个不同的阶级”的目标。我们现在提倡和推广的城乡一体化，从本质上看是遵循了马克思相关原理的。

（三）城镇化的关键在改造农业和教育农民

重温马克思关于改造农业和农民相关理论，我们不难发现，城镇化过程其实质就是现代化生产方式战胜自给自足自然生产方式的过程。在这一过程中，现代生产方式作为主动方、进攻方，冲击着自然经济模式，是对农业、农村和农民的主动影响。这也意味着，在城镇化过程中，对农业和农民的改造应该是一种主动和积极的行为。马克思关于改造农业和农民的相关理论告诉我们，第一，农业需要改造。传统农业必须被现代科技和工业技术改造，唯有如此，才能提高农业产出，才能提高农业生产效率。第二，农民需要教育与帮助。我们要积极主动地培育农民的市场意识、公民意识、法律意识，只有这样，才能真正实现城乡一体化和城镇化。

二、马克思主义经典作家关于农民合作论述的启示

（一）城镇化必须尊重农民的意愿

正如恩格斯在《法德农民问题》一文中指出，“有一点是完全正确的：违反小农的意志，任何稳固的变革在法国都是不可能的”，任何违背农民根本利益的城镇化都是行不通的。一些地方出现的强行拆迁、强行征地、强迫农

民上楼现象，都是违背农民意志的表现，都必须及时制止。虽然城镇化是大势所趋，但也必须尊重农民意愿，条件不成熟的城镇化必然会引起农民的激烈反抗。在城镇化过程中，要对农民进行有足够耐心的教育、引导，所有城镇化行为必须是农民自觉自愿的行为，必须保障农民可持续发展的权益，必须保障农民已有的个人财产和集体财产中的个人份额不受侵害。只有这样，当条件成熟时，才能水到渠成、和谐有序地实现城镇化。各级干部必须时刻警惕急功近利、好大喜功的倾向，扎实做好城镇化工作。

（二）合作社是农民社会主义改造的有效途径

在无产阶级夺取政权之后如何实现对农民的改造，恩格斯、列宁都有许多精辟的论述。他们的论述归结为一点，那就是区别农民（尤其是小农）与资产阶级的本质差别，通过合作社的方式，从初级到高级实现农民的社会主义改造。“把自己的土地结合为一个大田庄，共同出力耕种，并按入股土地、预付资金和所出劳力的比例分配收入”①，这是对初级合作社运作模式的设想，当今的农村股份合作社与此有异曲同工之妙。另外，合作社可以实现农业规模经营，提高农业劳动生产效率，为城镇提供更多的劳动力资源。因此，国家应该更多地为农村剩余劳动力提供就业出路。

（三）农民合作离不开政府的支持引导

列宁的《论合作制》给我们一个深刻的启示就是，建立和完善农民合作组织是一个长期、艰巨的任务，不可能一蹴而就，也离不开政府的支持引导和对广大农民的教育培训。合作社是一个法治条件下的自治组织，合作意识与合作能力不是农民与生俱来的本能，需要在实践中摸索、感悟，需要第三方组织的教育引导。小农意识从根本上来说是排斥合作的，但在城镇化过程中，合作又是必需的，正因如此，我们才需要用一个较长的时期来建立和完善农村合作组织。

① 恩格斯.法德农民问题.马克思恩格斯全集[M](第22卷).中共中央马克思、恩格斯、列宁、斯大林编译局译,北京:人民出版社.1995:585.

第五章
中国农村合作组织的历史与现状

第一节 如何认识“合作”

一、合作的内涵

(一)合作的界定

英文中“Cooperation”一词源于拉丁文,是协作、共同行动或协作行动的意思。近代学者将其翻译成中文时,选择了“合作”二字作为词义。“合”字在中文中有融洽、协同、共同、合办等意思;在《辞源》中,“合作”是指两个或两个人以上共同创造的意思。

合作是一种彰显理性与智慧的社会现象,一般是指个人与个人、群体与群体之间为了实现共同目标(共同利益)而自愿结合在一起,通过相互之间的分工、配合和协调(包括言语和行为),使参与合作的各方获取利益、获得满足的一种社会交往活动。

(二)合作是人类社会生存和发展的基础,是人的社会属性的根本体现

在自然界中,人不及大象、犀牛强壮,也不及狮、虎凶猛,人没有翱翔天空的翅膀,也没有畅游水中的鳍尾,但人类却站在整个自然界生物链的顶端,这一切都因为人类的智慧使人类掌握了合作的真谛,拥有了高度社会化的群属关系。正如《吕氏春秋·恃君览》所言:“凡人之性,爪牙不足以自守卫,肌肤不足以捍寒暑,筋骨不足以从利避害,勇敢不足以却猛禁悍,然欲裁万物,制禽兽,服狡虫,寒暑燥湿弗能害,不唯先有其备,而以群聚耶?群之可聚也,相与利之也。”可见,人类要想在严酷的环境中生存和发展,就必须通过合作来适应物竞天择、适者生存的法则。

(三)合作是人类自我组织意识的觉醒,是人类追求理性的必然选择

因为合作能明显增加合作各方的收益,所以具有发达理性的人类选择合作也是必然的。对于要求合作的各方而言,他们都有着一种推动合作的理性动力。时间的演进和合作各方的不断磨合会使合作机制越来越有效,这在很大程度上强化了人们之间的合作意识与合作意愿。

合作具有自愿性、自主性和自助性。也就是说,它是合作组织成员为了共同目的互相帮助的一种行为。西方的合作思想最早出现于中世纪,当时的农民和手工业者希望能够建立平等、公正、协作及互相帮助的理想组织。这些思想成为乌托邦社会主义的基础。法国的夏尔·傅立叶(Charles Fourier,1772—1837 年)设计了一种基于合作的社会组织“法郎吉”,它就是一个有组织的共同生产、共同消费的协作社;英国的罗伯特·欧文(Robert Owen,1771—1858 年)设计并实践了一种所谓的“理想模式”合作组织——平行四边形的合作新村。这些被称为空想社会主义者的先驱,为人类的合作行为作出了有益的尝试,这些尝试虽然失败了,但为后人的合作实践积累了不少经验教训。

人类的合作范围是广泛的,在经济、政治、文化等各个层面都存在着不

同形式的合作。但是，经济合作是人类最重要、最基础、最普遍的合作，经济合作构成了合作研究的最主要内容。因此，本章所言合作将特指经济合作而非诸如政治或文化领域的合作。

二、合作的收益

合作的收益包括物质性和精神性两个方面。

(一)合作会增加物质性的收益

合作的物质性收益主要表现两个方面：第一，合作增大了产出规模，有助于产生分工效应和规模效应。人们很早就发现，合作狩猎比单独狩猎的收获会增加很多，合作是与分工相伴而生的社会现象，有了合作，分工才会延续，产出才会更具规模。第二，合作使合笔者之间容易产生外部性等作用，从而有助于实现聚集效应。合作的外部性是指合作不仅是利己的，还可以产生利他的结果，每一个合作方都可以在合作中实现净收益增加。每个合作方在追求自身利益的同时，实现了对他人的利益赠予。这种利他的收益是不可以向其他合作方追索回报的，是合作的净收益之一。因此，合作具有经济上所讲的“正的外部性”，是一种资源配置的帕累托改进。

(二)合作会增进精神性的收益

合作的精神性收益表现在两个方面：第一，合作是实现人的自我价值的前提条件。人是具有社会属性的动物，按照马斯洛的层次需要理论，人的需求层次依次为生理需求、安全需求、社交需求、尊重需求、自我价值实现需求。人的自我价值只有在团队中，或者说只能在人与人之间的相互作用中才能体现出来。如果全社会只由一个人构成，那么社会价值本身也就失去了其存在的意义。第二，合作有助于消除人类精神上的某种不确定性和匮乏性。团队使人具有了某种归属感和安全感。人在团队中增加了信息的来源和渠道，从而有助于消除信息的不确定性；人在团队中增加了自身发散信息的渠道，从而有助于自身需求的更好满足；人在团队中通过组织活动及人与人之间的精神交流，可以使个人得到更好的精神安慰[①]。

三、合作的前提与保障

(一)分工是合作产生的基本前提

分工是合作产生的基本前提。因为分工可以使工作领域更狭窄，工作内容更专业，工作方法更熟练，使工作转换而产生的损耗更少，所以分工可以使单一产出最大化。但是，人或组织的需求是综合的，而不是单一的，因此，分工的产出扩大功能就使合作成为一种可能；反过来，如果没有分工的产出扩大，合作将变得没有意义。另外，不同领域的分工，成就了不同领域的合作组织。譬如，经济领域的合作成就了 WTO 这样的世界贸易组织，卫生领域的合作成就了 WHO 这样的世界卫生组织。不同类型的分工(譬如横向或纵向)会产生不同类型的合作，不同水平(譬如分工的精细程度)的分工也会产生不同水平(合作组织的紧密程度)的合作。人类的合作水平最终取决于分工的水平。因为分工是社会进步的动力之源，所以选择合作是人类理性的最终体现。一方面，人类会面临分工的不断深化；另一方面，人类应不断推进合作。分工和合作共同构成了人类演进的两大动力。

(二)有激励的分配制度建设是合作得以持续的基本保障

值得注意的是，分工并不会必然地导致合作或有效合作的产生，还要考察合作所产生的收益能否得到有激励效果的分配。能否实现合作，从收益角度看要考察两点：其一，通过合作能否增加合作者们的总收益，能否实现团体利益的增值，即 1＋1＞2；其二，合作的总收益能否使参与合作的所有成员都增加收益。也就是说，第一，从社会角度来看，合作之后的社会净收益大于合作之前的社会净收益。第二，从个人角度来看，合作之后的个人收益要大于合作之前的个人收益。如果合作产生的增量收益不能惠及每一个

① 宋圭武．中国农民合作问题研究[EB/OL]．博客中国宋圭武专栏．2005－08－11．网址：http://songguiwu.blogchina.com/83664.html

合作者，那么合作者将没有动力去参与合作。因此，要建立有效的合作就要让所有成员认识到共同体内部成员之间的利益相关关系，就要使所有成员都要充分尊重成员间的相互需求。

分配制度建设的重要内容是确保公平与效率的均衡。在合作组织内部，公平与效率二者是有机统一的。这里的公平不是平均主义，平均主义的本质是不公平(投入不同，回报相同势必会挫伤高投入者的积极性)。在合作组织内部，最大的公平就是要体现按贡献分配的原则；同时，可考虑给弱者以适当的倾斜。只有实现了公平，才能最大限度地调动每一合作成员的积极性，才能充分发挥其应有的作用，从而促进效率目标的实现。这里，效率不仅体现了合作成员的个人效率，也体现了合作组织的整体效率。因为公平原则使个人效率与组织效率得到了有机统一。

(三)合作必须是个体理性与团体理性的高度统一

合作是个体理性与团体理性的高度统一，如果不能实现统一(个体理性或团体理性至少有一个没有得到满足)，合作将走向失败。成功的合作需要具备的基本条件主要有四个：第一，一致的目标。任何合作都要有共同的目标，至少是短期的共同目标。第二，统一的认识和规范。合作者应对共同目标、实现途径和具体步骤等，有基本一致的认识；在联合行动中，合作者必须遵守共同认可的社会规范和群体规范。第三，相互信赖的合作气氛。创造相互理解、彼此信赖、互相支持的良好气氛是有效合作的重要条件。第四，具有合作赖以生存和发展的一定物质基础。必要的物质条件(包括设备、通讯和交通、器材、工具等)是合作能顺利进行的前提。空间上的最佳配合距离，时间上的准时、有序，都是物质条件的组成部分。合作组织是合作的载体，相互间进行合作是个体实现社会化的途径。合作组织的规模、结构、运行机制、制度设计、组织文化决定着合作的效率。

四、合作的路径

(一)合作的传统路径

人与人之间的合作路径一般有血缘、地缘、业缘三种比较常见的传统路径。其中,血缘是合作的天然的最短、最佳路径。血缘合作是人类最早期和最初级的合作形式,较好地与人的本性结合在一起,虽合作范围有限,但合作效果很好。另外,血缘合作可以渗透到地缘合作和业缘合作中。随着生产力水平的不断提高,血缘合作方式也会不断得到改进,基于地缘和业缘的合作也变得更加必要和普及。

家庭是人类最基本的合作形式。家庭的产生根源于男女在社会和经济分工方面的不同作用。家庭除了繁育后代、延续血脉之外,最主要的功能是经济功能,经济也是决定家庭形式的最深层原因。从历史过程来看,家庭的产生不仅使家庭成员获益无限,而且使社会获益无限。所以,家庭的出现是人类合作史上的一个里程碑。从家庭的演变趋势来看,随着家庭功能的逐步社会化,家庭形式肯定会发生各种变化,会形成与社会发展水平相适应的各种新形式。未来的家庭形式应当具有更加满足个性化、理性化、效率化等特征。当然,家族是家庭的延续和扩张,在农业文明时期对人们生活影响非常大的合作组织就是家庭和家族。

地缘作为一种合作路径,一般是在商品交换比较发达的情况下产生的。当跨地域的交往成为一种常态,基于对乡土文化的强烈认知,也基于应对不确定性风险的需要,以地缘为纽带的合作便成为一种必然的利益的最大化选择。过去以地域命名的各种商会、同乡会等,便是一种典型的基于地缘的合作组织。

业缘作为一种合作路径,则是在社会化分工得到大发展的前提下出现的。随着生产力发展和社会进步,行业之间的细分与竞争变得越来越激烈。在这种情况下,同业内部的竞争(矛盾)会退居次要地位,通过同业合作对抗来自异业的压力则成为当务之急。因此,以业缘为基础的各种专业协会便应运而生。譬如,日本的农业协同组织势力非常强大,成为左右政局政策制定的一支重要力量。

(二)现代社会合作路径的新特征

前面所述的合作路径无论是血缘、地缘还是业缘,其实都是建立在熟人社会基础上的合作。但是,在当今移动互联网时代,合作路径趋于多样化、便利化、网络化、短期化，合作的对象正在由熟人社会向陌生人社会过渡。由于即时通信技术日益规范化、标准化，沟通平台日益安全化、便捷化，社会信用系统日趋完善化、透明化，合作行为逐渐突破熟人社会的约束限制，使陌生人之间的合作与共享成为更加理性、更加集约、更加便利的经常性活动。譬如，现代社会无处不在的“拼团”“拼车”“共享”等现象都是合作路径网络化、便捷化、多样化、陌生人化的表现。“拼多多”使陌生人之间可以通过合作的方式购买到更加实惠的产品。“顺风车”使陌生人之间通过合作享受到更快捷、实惠的运输服务，等等。当然，陌生人之间的合作与共享大多是零散的、短暂的、一次性的。

第二节　中华人民共和国成立到改革开放之前我国合作社实践历程回顾

中华人民共和国成立后，受列宁经典著作《论合作制》的影响，以及学习苏联经验的需要，毛泽东主席及中央人民政府对农村合作社问题非常重视，把合作社看作对农民进行社会主义改造的重要载体。20 世纪 50 年代初，我国开始倡导推行合作化运动，无论城乡，都倡导成立各种类型的合作社。一时间，从消费到生产、从交通运输到金融服务，合作社在各行各业遍地开花。中华人民共和国成立后到改革开放前，我国的农村合作社运动大约经历了从初级到高级、从主动到被动几个阶段，合作的形式则有农业生产互助组、初级农业合作社、高级农业合作社、人民公社等几种形式。

一、农业生产互助组

农业生产互助组是 20 世纪 40 年代末 50 年代初最先在解放区兴起的一种最初级的互助合作组织，有些地方也叫“农业劳动互助组”，简称“互助组”。当时的农民通过“土改”运动分得土地后，一些地方、一些家庭出现了劳动力、畜力、农具不足的困难，严重制约了农业生产。为共克时艰，人们所能想到的最朴素的想法就是互相帮助、互利合作。于是，农业生产互助组在解放区应运而生。

互助组有两种形式：一种是临时互助组，一般由几户农民在农忙季节临时组织起来，进行换工互助，农忙过后，即行解散，是互助组的初级形式；二是常年互助组，规模一般比临时互助组大，组员比较稳定，除全年在主要农事活动上进行劳动互助外，还进行其他农副业的互助结合，并且在组员之间有初步的劳动分工，但总体上农业生产资料归各农户所有，它是建立在生产资料私有制基础上的互助合作组织。

二、初级农业生产合作社

初级农业生产合作社是在互助组的基础上，以个体农民自愿组织起来的半社会主义性质的集体经济组织，简称“初级社”。初级社的基本特点是“私有土地的联合使用”①，初级社是建立在生产资料私有制基础上的合作性生产关系。中华人民共和国成立后，有的初级社开始试办推广。1953 年发展到 15053 个，参加的农户达 27.2 万户。最多时(1956 年 1 月)，达到 139.4万个，参加的农户达 10668 万户，占全国农户总数的 90%。以后，在农业合作化运动中，这些初级社大量转变为高级农业生产合作社。1956 年年底，在全国 75.6 万个农业合作社中，还有初级农业生产合作社 21.6 万个，到 1957 年仅存 3.6 万个②。初级社的总收入，在扣除当年生产费用、税金、公积金和公益金以后，所余部分分给社员，作为社员的劳动报酬和土地等生产资料的报酬。

社员劳动报酬一般高于土地报酬。劳动报酬根据按劳分配原则，采取劳动工分的形式。社员除参加社内劳动外，还可以耕种自留地和经营其他家庭副业。社员家庭副业的生产工具、零星树木、家畜、家禽及生活资料等归社员所有。初级社实行民主管理，最高管理机关是社员大会。社员大会选出管理委员会管理社务，选出监察委员会监察社务。初级社同农业生产

---

① 岳书铭，姜文荣. 从初级社产权关系的历史考察中得到的启示[J]. 山东农业大学学报(社会科学版). 2000(01)：18～20.

② 百度文库. 人民公社制度与合作社[EB/OL]. 网址：https://wenku.baidu.com/view/bad2e70088eb172ded630b1c59eef8c75ebf95ee.html? fr=search

互助组相比，有很大不同。虽然土地和其他主要生产资料仍是私有的，但由于实行统一经营，并且积累了一定的公共财产，它是合作农业经济的一种形式，当时被称作中国农民走上社会主义道路的决定性步骤。

三、高级农业生产合作社

高级农业生产合作社，简称“高级社”，它实现了土地等主要生产资料的合作社所有和社员个人消费品的按劳分配。社员私有的土地无代价地转为集体所有；社员私有的耕畜、大中型农机具则按合理价格由合作社收买，或为集体财产。社员的生活资料和零星树木、家畜、家禽、小农具及家庭副业所需要的工具等，仍属社员私有。高级社在计划分工和协作的基础上组织社员参加社内的劳动。

高级社的总收入在扣除税金、生产费、公积金和公益金以后，剩余部分根据按劳分配原则在社员之间进行分配。高级社实行民主管理，最高领导机关是社员大会或社员代表大会。它选出管理委员会管理社务，选出监察委员会监察社务。同初级社相比，高级社能够较大规模地进行农业基本建设和采用新式农机具，为改变农业生产条件，进行农业技术改造创造了有利条件；能够在国家计划指导下，因地制宜地发展农、林、牧、渔和工副业生产，以满足社员、集体和国家的需要。

当然，各地在推动初级社、高级社发展时，生产资料归集的方式方法是有差异的，有些地方激进，有些地方平缓，但总体来讲我国的推进速度是比较快的。因此，一些农民不太理解，当要决定生产资料充公（集体所有）时，有些地方出现了突击宰杀耕牛、破坏农具等现象，对生产力造成了一定程度的破坏，以至于中共中央在 1955 年 1 月 15 日下发《中共中央关于大力保护耕畜的紧急指示》，指出近几月来，不少地区发生大量出卖耕畜，畜价猛跌和滥宰耕畜的严重现象，有的省估计至少杀了 30 万头，有的省估计耕畜减少 20%。分析产生这种现象的原因，主要是：第一，部分农民对农业合作化政策还有某些误解，部分地方在政策执行中也存在着某些偏差；第二，部分地区粮食统购统销工作上存在某些偏差，因而引起某些农民对粮食统购统销政策产生误解和抵触情绪，再加上口粮算得偏紧，未留牲畜饲料或留得不足，就出现出卖和宰杀耕畜现象；第三，有些地方，对牲畜贩运限制过严，畜贩在社会主义改造的潮流中很难活动，国营商业和供销合作社又无力代替[①]。从这一文件可以看出，从初级社到高级社的过渡着实是快了些，背离其促进生产力发展的初衷，成为一种名副其实的“合作化”社会运动。

四、人民公社

20 世纪 50 年代中后期，由于当时中华人民共和国刚刚成立不久，我国对社会主义制度和社会主义建设还缺乏清醒、深刻的认识，思想上有点“左”倾冒进，行动上急于求成，人们开始不满足合作社这样一种仍保留有大量私有制痕迹的集体互助合作制度，有些地方出现了更高层次的集体所有制——人民公社。毛泽东主席对人民公社这种新生事物多有褒奖（1958 年 8 月 6 日毛泽东主席到河南省新乡县七里营视察时，看到刚刚挂起的“七里营人民公社”牌子后，称赞说：“人民公社好。”），在多次讲话中明确指出人民公社的特点是“一大二公”，这些都加速了人民公社大发展，使人民公社在短时间内取代了合作社，成为农村社会主义制度建设的标志性成果。

这里想特别说明的是，合作社与人民公社是两个有区别也有联系的概念。合作社是经济领域私人利益基础上的有限合作组织，而人民公社则是在合作社基础上，进一步实现生产资料的集体所有和生产决策的高度集中，并且成员之间的合作关系也突破经济领域的限制，延伸到政治、文化领域。因此，人民公社本质上是一种政社合一的社会组织制度，它既是经济组织，又是社会政治组织；既是生产组织，又是分配与消费组织。

人民公社追求“一大二公”，突出消灭私有制观念、建立集体所有的理想社会制度，虽然出发点是好的，但终究是超越了生产力发展的基本要求，成为“左”倾冒进时期最具代表性的社会现象。虽然在我国人民公社时期集中人力、物力修建了大量的农田水利基础设施，但农民的生产积极性始终无法得到调动，这种不切实际的组织形式从根本上改变了农民合作经济组织的

① 中共中央．中共中央关于大力保护耕畜的紧急指示[EB/OL]．中国网．2012－09－07．网址：http://www.china.com.cn/guoqing/2012－09/07/content_26746614.htm

性质，无法适应经济发展的要求，最终导致中国农村的发展长期停滞，农业生产水平徘徊不前，农民连温饱都不能得到保证。于是，人民公社这种组织形式最终在20世纪80年代落下帷幕。

第三节 改革开放后我国农民合作组织的探索与实践

改革开放以后，我国逐渐承认公民追求正当私人利益的合理性和激励性，逐渐明确经济改革的方向是建设社会主义市场经济，开始“允许一部分人先富起来”。于是，农民之间的合作行为，从过去为了迎合制度设计的被动接受，转变为出于追求私人利益最大化目的的主动选择。

一、改革开放后我国农民合作组织的发展历程

(一)20世纪80年代农村合作水平较低

十一届三中全会以后，家庭联产承包责任制成为我国农村改革的突破口，得到全国农民的积极响应，并得以在全国范围内迅速推广，使得小农经济成为我国农业领域的基本特征。在这种背景下，我国农村的整体合作水平处于衰退阶段。在这一阶段，大家好不容易挣脱人民公社“吃大锅饭”的束缚，开始为自己的“利益”辛勤劳动。一方面，大家“分”的意愿、动机很强烈，恨不得把集体的最后一间房都分给个人；另一方面，对“合”却有着强烈的恐惧心理。所以，在这个阶段，谈合作是有点不合时宜的。但与农民的想法相反，一些社会主义理论家则质疑“包产到户”的性质是姓社还是姓资？这一阶段，家庭联产承包责任制究竟是丰富和发展了马克思主义还是修正主义，家庭联产责任制与马克思、恩格斯所提倡的合作制到底有怎样的关系，成为学界研究的重点。

虽然当时中央明确提出我国农村实行统分结合、双层经营机制，但各地实际上都是将土地一包(分)了之，“分”的程度多，“统”的成分少。包产到户

着实调动了农民的生产积极性，搞活了农村经济。在一定时期内，它确实促进了农村生产力的发展，改善了农民的生活。但是在统分结合、双层经营机制中，“分”实“统”虚，“分”大于“统”是一种客观现实，这造成农村集体的空心化、弱质化。

当然，这一阶段，农民合作也不是完全销声匿迹的。因为，小农经济维持温饱可能没问题，但想致富可能就有问题了。互助合作、抱团发展仍是农民发自心底的一种本能呼唤。1982 年，安徽省天长县界牌镇 17 户农民联合创办水产研究会，水产研究会成为改革开放后我国第一个新型的农民合作组织。

(二)20 世纪 90 年代以后新型农民合作进入复苏期

在 1992 年邓小平同志南方谈话之后，随着我国市场取向的改革方向渐次明确，经济领域开放搞活，给城市社会带来无限活力；与之相反，农村方面的改革却相对停滞不前。因为农业负担重，种地不赚钱，农民也有了更多的打工机会，所以很多地方出现农田被大面积抛荒的现象，人们务农的积极性越来越低，农业生产出现了严重问题。在此背景下，为了适应越来越激烈的竞争环境，许多农民开始在农村副业方面做文章，开始寻找以合作求生存的路径。他们意识到单一个体应对市场风险的能力总是不足的，一些地方的农民自发地组织起不同层次的农民合作组织，土地流转也在农户之间私下进行，建立在包产到户基础上的农民新型合作组织开始成长壮大。这一阶段，农民合作的内容更加丰富，各种以民主平等、互助互利为原则的农民专业合作社、专业协会大量涌现，发展迅速。譬如，各种经济动物养殖合作、果蔬茶渔等专业合作、供销合作社、信用合作社，等等。

(三)进入 21 世纪后农民合作逐步进入规范发展期

进入 21 世纪以来，随着农产品市场竞争越来越激烈，特别是在我国加入 WTO 之后，农业生产领域直接面对国际大市场竞争压力的情况下，我国农业的弱质性、小规模性暴露无遗，千家万户分散的小农生产方式与千变万化的市场竞争之间的矛盾日益突出，大家逐渐认识到，农业适度规模经营是我国农业未来发展的必由之路，我国只有以更大的改革决心，培育更具规模的农业经营主体才能应对日益复杂、激烈的竞争环境。从2004年起，中央"一号文件"连续17年聚焦"三农"问题并鼓励各地大胆创新，为建设中国特色社会主义探索改革经验。2006年中国通过的首部《中华人民共和国农民专业合作社法》，进一步规范了农民合作行为，农民合作组织在农村经济生活中扮演越来越重要的角色。党的十九大报告也明确指出，要"深化农村集体产权制度改革，保障农民财产权益，壮大集体经济。确保国家粮食安全，把中国人的饭碗牢牢端在自己手中。构建现代农业产业体系、生产体系、经营体系，完善农业支持保护制度，发展多种形式适度规模经营，培育新型农业经营主体，健全农业社会化服务体系，实现小农户和现代农业发展有机衔接"①。

在此背景下，农业、农村领域的改革实践再一次成为热点。譬如，如何开展农村土地流转，促进耕地形成集中；如何使集体财产主体更加明晰；如何保障农民收入可持续增长；如何使农村人口顺利进入城市安家落户，等等。与此同时，理论界也开始重新审视新形势下农村合作经济思想的必要性、可行性及实现方式。这种政策环境和法律环境都为农村合作组织的发展壮大培植了营养丰富的土壤。

(四)农村股份合作组织作为一种新型农业经营主体逐渐成熟起来

自党的十七届三中全会以来，我国多次提出要构建现代农业产业体系、生产体系、经营体系，发展多种形式的适度规模经营，培育新型农业经营主体，实现小农户和现代农业发展的有机衔接。2019年2月，中共中央办公厅、国务院办公厅印发的《关于促进小农户和现代农业发展有机衔接的意见》提出，促进小农户和现代农业发展有机衔接是推进中国特色农业现代化的必然选择，是实施乡村振兴战略的客观要求。

① 习近平.中共十九大报告[EB/OL].中国网.2017-10-27.http://www.china.com.cn/19da/2017-10/27/content_41805113_3.htm

时势造英雄，实践出真知，实践总是走在前面的。在应对“三农”问题严峻挑战的过程中，苏南各地的农村率先组织起来，各种赋予全新含义的合作经济组织应运而生，这些新型农民合作组织成为农民主动适应工业化、城镇化、现代化的载体，成为促进小农户与现代农业发展有机衔接的新型主体。它们融合了传统合作社中的劳动联合与现代企业普遍存在的资本联合两种要素，成为一种建立在熟人社会基础上的新型农村合作组织，我们称之为“农村股份合作组织”。值得注意的是，多种类型的农民股份合作组织通过明晰股权确保了农民财产权益，通过合作经营实现了适度规模经营，成为一种现实的“小农户和现代农业发展有机衔接”的新型农业经营主体。因此，中央文件多次强调把发展农村合作组织作为实现农业现代化的重要推手。

苏南地区多种形式农村股份合作组织的出现为我国农村合作赋予新的内涵、新的形式，为我国农村改革增添新的活力。关于农村股份合作组织的来龙去脉及详细情况将在后面几章依次介绍。总之，21 世纪以来，农村合作组织的发展重新步入上升通道。

二、我国对农民合作组织的发展规范与法律支持

20 世纪 90 年代以后，在现实发展的迫切需求下，农民合作组织重拾增长之势，发展较为迅速。为了使各种各样的农民合作组织步入规范发展、健康发展的轨道，切实保障农民合作社及其成员的正当权益，从根本上推进我国的农业现代化进程，全国人大常委会于 2006 年 10 月 31 日通过《中华人民共和国农民专业合作社法》，2017 年 12 月 27 日第十二届全国人民代表大会常务委员会第三十一次会议对该法进行了修订。

《中华人民共和国农民专业合作社法》对农民专业合作组织的性质、地位、作用、目的作出了明确的规定和说明，对农民专业合作组织的服务对象、组织原则、法律地位作出了清晰的界定，对各级政府及相关职能部门对农民专业合作组织的支持、服务作用也作出了原则性的部署，这部法律成为发展农民合作组织的根本依据。

《中华人民共和国农民专业合作社法》明确指出，农民专业合作社是在家庭承包经营基础上，同类农产品的生产经营者、同类农业生产经营服务的

提供者和利用者，自愿联合、民主控制的互助性经济组织。该组织是工商、农经部门为支持农民发展合作经济组织，保护农民合作经济组织及其成员的合法权益，规范农民合作经济组织及其行为，增加农民收入，促进农村经济社会和谐发展而鼓励发展的。

该法要求农民专业合作社应当遵循下列原则：成员以农民为主体；以服务成员为宗旨，谋求全体成员的共同利益；入社自愿、退社自由；成员地位平等，实行民主管理；盈余主要按照成员与农民专业合作社的交易量(额)比例返还。

农民专业合作社具有法人资格：农民专业合作社对由成员出资、公积金、国家财政直接补助、他人捐赠，以及合法取得的其他资产所形成的财产，享有占有、使用和处分的权利，并以上述财产对债务承担责任。农民专业合作社成员以其账户内记载的出资额和公积金份额为限对农民专业合作社承担责任。国家保障农民专业合作社享有与其他市场主体平等的法律地位。国家保护农民专业合作社及其成员的合法权益，任何单位和个人不得侵犯。

同时，该法要求县级以上人民政府应当建立农民专业合作社工作的综合协调机制，统筹指导、协调、推动农民专业合作社的建设和发展。县级以上人民政府农业主管部门、其他有关部门和组织应当依据各自职责，对农民专业合作社的建设和发展给予指导、扶持和服务。

三、目前我国农民专业合作社的主要类型

(一)以生产环节为标准来划分

1.生产合作社。即从事种植、采集、养殖、渔猎、牧养、加工、建筑等生产活动的各类合作社。如农业生产合作社、手工业生产合作社、建筑合作社等。

2.流通合作社。即从事推销、购买、运输等流通领域服务业务的合作社。如供销合作社、运输合作社、消费合作社、购买合作社等。

3.信用合作社。即接受社员存款贷款给社员的合作社。如农村信用合作社、城市信用合作社等。

4.服务合作社。即通过各种劳务、服务等方式,给社员生产生活提供一定便利条件的合作社。如租赁合作社、劳务合作社、医疗合作社、保险合作社、利用合作社等。

(二)以其自身的功能标准来划分

1.生产类合作社。其内容与前述生产合作社相同。

2.服务类合作社。其内容与前述服务合作社相同。在服务类合作社中,常见的有:

(1)消费合作社。它是指由消费者共同出资组成,主要通过经营生活消费品为社员自身服务的合作组织。

(2)供销合作社。它是指购进各种生产资料出售给社员,同时销售社员的产品,以满足其生产上各种需要的合作社,是当前世界上较为流行的一种合作组织。供销合作社经营方式有两种,一是专营供给业务;二是兼营农产品运销或者日用工业品销售等业务。

(3)运销合作社。它是指从事社员生产的商品联合推销业务的合作社,有时候兼营产品的分级、包装、加工等业务。运销合作社的业务主要集中在农产品运销方面,源于大机器工业生产条件下,工业品主要通过各种大型的商业机构销售,而农业生产和农产品基于其自然特点,供应不能十分均衡,价格变化较大。通过组织合作社专门销售,可以尽量避免经济上的风险。

(4)保险合作社。它是指个体劳动者、业主、职工联合起来,按照保险法的规定,采取互助方式,以社员为保险对象而经营保险事业的合作社。这种保险组织,由社员交纳保险费,社员自己经营与管理,共同负担灾害损失,维护社员的自身利益。保险合作社主要有三类:一是消费者保险合作社,以人身保险为主;二是劳动者保险合作社,以失业保险和意外保险为主;三是农业保险合作社,以农业生产和收获保险为主。

(5)利用合作社。它是由合作社置办各种与生产有关的公共设备或者生产资料,以供社员分别使用的一种合作社。在世界各国比较普遍的利用合作社有:农业机械利用合作社、种畜利用合作社(利用良种、繁殖家畜)、电气利用合作社、仓库利用合作社、水利利用合作社、土地利用合作社等。

(6)医疗合作社。它是公用合作社的一种形式。通过置办医疗设备,聘请医务人员,对社员提供医疗保健服务的合作社。由于服务的范围不同,具体形式也有区别:有的创设独立医院,有的只设简单的诊所,有的只设为社员提供廉价的药房。

(7)公用合作社。它是置办各种与日常生活有关的设备以供社员使用的合作社。它与消费合作社不同的是,它所置办的设备为合作社所有,仅供社员使用,非向社员出售;它与利用合作社不同,它所置办的设备为生活所需,而非为生产所需。公用合作社的业务种类很多,比较普遍的有食堂、理发厅、浴池、洗衣、托儿所、图书馆、茶馆、剧场等。在欧美等国特别流行的住宅合作社和医疗合作社,是公用合作社中最发达的两种形式。

(8)劳务合作社。它是由合作社承包业务,社员使用集体或个人所有的劳动工具并提供劳动力,共同进行劳动的合作社。社员除得到应得工资外,对年终盈余,有权再按社员提供的劳务参与分配。劳务合作社经营的业务包括为社区、工厂、商业综合体提供保安服务和环卫服务等,也为土地股份合作社或一些建筑企业提供劳务外包等业务。

(三)以合作社是否发行股票为标准来划分

1. 股份合作社。股份合作社是国外一种发行股票的合作社,它与非股份合作社相对应。股票的持有人就是合作社的股东和所有者,股票是股东股份所有权证明,可以买卖、转让或继承。股份合作社成员不能退出合作社,只能通过出售其所有的股票的办法与合作社脱离关系。实质上,股份合作社只不过是以发行股票的办法筹集资金,其他方面仍与一般合作社无异。

2. 非股份合作社。非股份合作社是指不发行股票,通过发给社员入股证书以证明他们在合作社中权利的合作社的总称。

(四)以合作社的纵向层次来划分

1. 国际合作社联盟。国际合作社联盟是一个国际性的合作联合组织,是一个非官方的国际组织。1895 年在英国伦敦成立,现总部设在瑞士的日内瓦。其主要成员是各国合作组织的全国合作社联社、合作社联社的全国协会、设有全国性组织的地区性合作社联社组织。在消费领域有供销、保险、住宅、银行等类型的组织;在生产领域有手工业、工业、农业、渔业等类型的组织。一些国际性合作社组织也加入了国际合作社联盟。国际合作社联盟的宗旨是向全世界宣传合作思想和合作社的原则与方法,推动各国合作社事业的发展,保护各种形式的合作社的利益,保持各成员国组织间的友好关系,促进各种形式的合作社间的经济交流,帮助和促进各国人民经济与社会的进步发展,致力于建立持久的和平与安全。

2.全国总社。全国总社有的国家称为"中央联社",即一个国家的合作社总社(或简称"联合社")。如日本的全国农业协同经济组织联合会(简称"全农")、韩国的全国农业协同组合中央会等。

3.地方联社。地方联社是指地方一级所建立的合作联合社,如省(直辖市、自治区)合作社联合社、县合作社联合作社等。

4.基层合作社。基层合作社主要是指最基层生产经营单位,以生产经营者为主体,在资源基础上按合作制原则组建起来的各种类型的合作社。

第六章 从苏州实践看农村股份合作的历史必然性

前文说过，传统的合作路径一般有血缘、地缘、业缘三种，以此为基础的传统合作形式对中国的农村发展曾起到巨大的推动作用，也有许多独特的优势。但是，在城镇化过程中，仅有这样的传统合作可能是不够的，因为在市场经济社会中人与人之间最重要的维系纽带是契约和货币。所以，中国在城镇化过程中需要对这种传统合作形式进行改造，使之既能充分利用传统的以血缘、地缘、业缘为主的合作优势，又能使之适应市场经济社会对契约精神的认同。苏州在农村改革发展中，在农村合作中融入了股份制精神，形成农村股份合作组织，给农村合作开辟了一种新的范式，也为中国城镇化提供了一种社会主义制度环境下具有中国特色的新型城镇化发展模式。本章以农村股份合作的发祥地苏州为例来说明在城镇化过程中，从农民专业合作转向农村股份合作的发展历程。

第一节　苏州农村股份合作组织改革和发展背景

一、苏州农村改革的总体情况

苏州地理位置处于中国东部沿海地区，自古以来便被称作民生富足的鱼米之乡，近代以来又依沿海之便，率先改革开放，实现了经济、社会繁荣的发展局面。早在 2009 年，苏州市就作为国家发改委城乡一体化发展综合配套改革试点联系城市和江苏省重点改革试点城市。面对率先实现现代化过程中遇到的深层次矛盾和问题，苏州市积极开展新农村建设、城乡一体化、美丽乡村、乡村振兴等改革实践。在改革发展过程中，苏州既保证了地方经济总量居于全国前列，又比较好地兼顾了城市与农民、农村、农业的协调发展与共同繁荣，在促进城乡统筹发展、缩小城乡差距、改善城乡关系等方面作出许多卓有成效的成绩。2019 年苏州市的 GDP 总量约为 19235.8 亿元，位居全国前列；城乡人均收入比约为 1.95∶1，显著低于全国城乡人均收入 2.65∶1 的平均水平；城乡之间良性互动、优势互补、和谐发展、共同繁荣的局面已经形成，为苏州社会和谐稳定与“率先全面建成小康社会，率先基本实现现代化”奠定了坚实的基础。

在众多的改革举措中，农村股份合作组织在组织农民参与市场竞争，优化农村生产要素资源配置，提高农民收入，增强农村基层组织战斗力和影响力，培育现代农民民主意识，促进农业、农村、农民的现代化等方面发挥了独特的作用，已经成为苏州新型城镇化建设过程中最具代表意义和创新价值的经验做法。尽管苏州农村股份合作组织在发展过程中还存在着许多问题和不足，但其未来的发展仍具有相当大的活力，仍是当前阶段最值得借鉴与推广的农民组织方式。

二、苏州农村股份合作出现的背景

城镇化之所以会发生，归根结蒂是因为城乡之间的发展差距，由于发展差距的客观存在，导致资源从效益低的地方流向效益高的地方。城乡发展差距的形成有许多原因，除了农业本身的弱质性，以及社会政治制度造成的城乡工农业剪刀差等因素之外，农民的组织化程度低也是一个重要因素。自给自足的小农经济使农民具有比较低的合作意愿，他们不愿意相信别人，不愿意面对竞争与合作。然而，竞争与合作、市场依赖却是城市文明赖以发展的基础。

当社会发展到一定程度，农业必须面对国际市场的竞争，农民必须面对城市的诱惑，农村必须面对缩小城乡差距鸿沟的时候，农村的改革就必然发生了。苏州在率先发展、全面建成小康社会、率先实现现代化的过程中，同样遇到了农村发展滞后、农业萎缩、农民增收困难等一系列问题。在解决问题的过程中，他们选择组织起来，共同应对城镇化带来的冲击和考验。

在近 20 年的发展实践中，市场“看不见的手”与政府“看得见的手”相结合，逐渐培育起农民的合作意识，建立了各种各样的农民合作社，这些农民合作社成为推进苏州新型城镇化与城乡一体化进程的重要力量。其中，最常见、最有代表性的合作组织类型有：社区股份合作社、土地股份合作社、富民股份合作社、劳务股份合作社、农民专业合作社。这些合作组织不是传统意义上以劳动联合、消费联合为主要特征的农民合作社，而是结合了现代企业制度中一些合理因素的新型农民合作组织。它们建立在熟人社会基础上，即以同村或同乡的人为合作伙伴，同时强化了市场经济中的股份权利意识与契约精神，是兼具劳动联合与股份联合的新型合作组织。这些合作组织在不同阶段被称为“三大合作”组织、“三大股份合作”组织或新型合作组织，本书将其概括为农村股份合作组织。

第二节　苏州社区股份合作组织发展的历史脉络

自古以来，苏南地区便是天下粮仓，有比较好的发展基础，改革开放之后，他们迅速地解决了温饱问题，并借助近代以来的轻工业优势和上海的技术扩散优势，发展起村办工业、乡办工业，为集体积累了一定的财富。强势村镇主导下的集体经济大发展是其比较显著的一个区域经济特征，也是改革开放之后形成的“苏南模式”的重要特征。在城镇化与城乡一体化发展的新形势下，农民从农村向城镇流动、农民自治向社区自治转变成为一个不可避免的潮流。但是，农村的集体资产怎么处置？农村集体的实业如何发展？这些都成为必须着手解决的现实问题。一方面，要避免在社会转型过程中，农村集体资产流失、农民权益受损；另一方面，农村集体经济必须在市场经济体系的框架下持续健康发展。在这种形势下，农村社区股份合作社应运而生。它是参照现代企业制度的组织原则与合作社的组织原则，综合二者特点形成的新型合作组织。它既保证了集体资产产权清晰、权责明确、可持续发展，又确保了合作社成员的参与意愿与参与权利，是中国特色新型城镇化道路的一种表现形式。

在苏州市城乡一体化改革、美丽乡村建设、乡村振兴过程中，关于如何运用农村社区股份合作制度来统筹村级集体经济快速发展与农民实际得到实惠这一矛盾，经历了认识逐渐深化的三个阶段。

一、社区股份合作社发展的探索阶段(2000—2007年)

当城镇化浪潮袭来与社会主义市场经济体系的架构已经基本搭建起来之后，与新形势相适应的农村经济体制必须进行相应的变革。对于集体经济相对发达的苏州农村来说，进入21世纪后，苏州开始探索以农村社区股份合作社为载体来改革以往的集体经济，以适应城镇化与市场经济发展的要求。如同当年包产到户改革一样，苏州一些农村开始对农村集体资产进行量化核算，对村集体成员进行身份认定登记，建立起初级的、试点型的社区股份合作组织。在此阶段，除了聘请有资质的机构对集体资产进行总量清查之外，主要按户籍人口进行集体资产量化到户、量化到股。在股权结构方面，各乡镇做法有所差异，有些为开放型，有些为封闭型。初期股权结构开放型的农村社区股份合作社一般实行动态管理，大多在换届选举时进行股权的增减调整(包括为集体留足股权，为新生人口、新嫁入人口留一定比例的股权空间)。初期股权结构为封闭型的农村社区股份合作社一般采取封闭股权的方式，一次性将集体股权、个人股权分配到位，个人股权生不增，死不减，可继承等。此时，对农村社区股份合作组织的认识还停留在初级阶段，与农村土地承包制度一样，留下了调整的余地和空间。

吴中区木渎镇金星股份合作社是这一阶段具有代表性的合作社，下面以木渎金星股份合作社的设立情况举例说明如下。

古镇木渎是乾隆皇帝下江南六次到过的地方，自春秋战国时代以来就是史上留名的富庶之地。金星村是木渎镇下属的一个小村子，距苏州市中心只有大约 10 公里的距离。随着改革开放的深入进行和苏州城市的扩张，金星村日渐受城镇化潮流影响，20 世纪 80 年代金星村尚有水田 1000 余亩，但 2000 年前后，耕地只剩 200 多亩，与此同时，种地的人也越来越少。

为了给失地农民找出路，也为了农村集体经济在市场经济的环境下可以健康成长，2001 年，金星村将村里的集体资产进行了清产核资，并以此为基础组建了全国第一个村级股份合作社。具体做法是，将截至 2001 年 5 月 31 日的金星村集体净资产 4295.44 万元（其中，实物及现金净资产价值为 2643.05 万元，村办公用房及商业地产折价 1652.39 万元）折股量化，留其中的 8%为集体权益股（收益用于公共事务支出），另外的 92%为个人分配股。根据表决通过的金星村社区股份合作社章程，全村 400 名村民每人分配 1 股基本股，按户发给股权证，每股净资产值 8.36 万元。股份量化到户（人）后，今后不随人口增减而变动。股权暂时不得买卖、抵押、继承、转让，也不得退股提现。股份合作社设理事会负责合作社日常经营，主要是通过对外发包村办工厂、土地和对外出租标准化厂房等项目获取收益。仅 2001 年下半年，合作社每股红利收益为 413 元，此后一直稳定增长，到 2018 年，每股分红已经达到 3000 元。另外，集体股的收益主要用于村公共卫生、医疗社保补贴、公共用水电、燃气改造等项目。金星村已经较好地实现了城镇化与现代化。

二、社区股份合作的快速推进阶段（2006—2012 年）

经过几年的探索，农村社区股份合作组织对苏州统筹城乡发展的重要价值逐渐为人所重视，尤其是在苏州被列为江苏省“城乡一体化综合配套改革试验区”之后，社区股份合作作为苏州加快城乡一体化发展的重要手段，加大了推进力度。苏州市期望通过对村级集体经济组织(村经济合作社)进行社区股份合作制改革,创新和完善集体经济管理体制,确保集体财产保值增值,保障居民合法权益,拓宽居民增收渠道。通过政府的强力推动,各市、区基本上在2010年前后,完成了对原集体经济组织的社区股份合作制改革。这些措施符合城镇化进程中农村经济和社会的发展方向,体现了苏州市将村镇开发建设的成果惠之于民、让利于民、反哺于民的政策导向。到2011年年底,社区股份合作制在苏州市实现了全覆盖。

在这一阶段,苏州市为了增强村级的影响力,鼓励各村以社区股份合作社为载体,进一步发展"房东经济""物业经济"。在政府的刻意安排与鼓励下,一些集体经济薄弱的乡村也通过异地拆迁等方式建立起社区股份合作社。譬如,吴中区旺山村,通过土地转换,将社区股份合作社的厂房建到了工业开发区,而旺山村原址则保留,用于开发农业和乡村旅游业,既实现了工业向园区集中,土地向规模经营集中,又能因地制宜促进具有地方特色(乡村旅游)的经济社会全面发展。

在农村社区股份合作发展的第二阶段,从股权安排角度来看,与第一阶段相比也有了一些突破。譬如,在量化股权时,不再仅仅按户籍是否在册平均分配基本股,还要根据合作社社员的贡献大小评议设置贡献股。其中,根据集体成员身份存续时间长短来计算"农龄"是一种比较普遍的做法。股权一旦分配明确,即进入以户为单位的固化稳定阶段,"生育不增(户人口增加),死亡不减(户人口减少),迁入不增加(包括村内外人嫁入),迁出不减少(包括村民子女嫁出、外迁)"。同时,合作社允许家庭内部成员继承股权。

与此同时,集体经济组织的权利也得到了确认。2010年3月,苏州市农村工作办公室颁发了"关于下发《苏州市农村集体资产产权登记证管理办法(试行)》的通知"。要求"凡未经农村集体资产监督管理部门依法确认农村集体资产产权归属并颁发产权登记证而占有或使用农村集体资产的单位或个人,必须在明晰农村集体资产产权关系的基础上,到产权登记机关办理农村集体资产产权登记并领取产权登记证"。为进一步区分所有权、收益权、处分权、使用权,苏州市设计了绿色与棕色两种产权证书。其中,绿色产权登记证,是登记机关对农村集体经济组织(含拥有辖区内全部农村集体资产的农村社区股份合作社，下同)因拥有农村集体资产和享有农村集体资产的所有权、支配权、收益权、处置权而颁发的所有权证书。棕色产权证，是登记机关对农村各类企事业单位、社会团体、个人和其他经济组织因占用或使用农村集体资产而颁发的占(使)用权证书。

从合作规模来看，农村股份合作基础较好的吴中区、高新区出现了农村社区股份合作联社这样的新组织形态。合作联社克服了过去以自然村或行政村为单位的社区股份合作社规模小、开发能力弱的弊端，走联合开发之路，以明晰的产权联合，形成较大的实体组织进行大项目开发。譬如，2012年8月21日，苏州高新区狮山街道农村社区股份合作联社获得工商部门颁发的营业执照(全国第一张)，该合作联社共有成员14个，均为农村社区股份合作社，出资总额达3亿元，其业务范围包括对合作联社成员自有资产进行经营、投资、管理；对合作联社自有房屋进行出租管理，给合作联社成员提供农业生产经营有关的各种服务。合作联社成立后开发首个富民载体"狮山新主城生活广场"项目，投资7.6亿元、总建筑面积为11.79万平方米。该项目是面积为40万平方米的新主城社区的商业配套，包括2万平方米的精品公寓、3.6万平方米的商务写字楼和3.4万平方米的购物中心。该项目通过专业化经营，可以取得稳定的经济效益，增强联社的造血功能和发展活力，实现长远的惠民利民富民。

三、社区股份合作的完善成熟阶段(2013年以来)

2013年以来，对社区股份合作这个的新生事物，苏州主要做了三方面的工作。其一，普遍推广了社区股份合作作为村级集体经济组织发展经济的平台作用；其二，固化了社区股份合作社的股权；其三，规范了社区股份合作的发展，探索出农村基层政经分离的路子。

(一)以"一村二楼宇"为载体，提升社区股份合作组织的实际影响力

为了平衡乡村之间的发展差距，促进经济相对薄弱地区的农村经济社会发展，苏州市在前一阶段农村社区股份合作数量发展的基础上，进一步提

升发展质量，壮大集体经济组织的实力，提升基层农村集体经济组织的话语权，力争将农村社区股份合作组织做实。这一阶段，苏州从战略高度明确提出“一村二楼宇”的村级集体经济社会协调发展要求。所谓“一村二楼宇”主要是指每个村都要有一个社区服务用楼宇和增加集体经济组织财产性收入的经营性物业楼宇。“一村二楼宇”的载体主要是社区股份合作社。

发展“房东经济”是苏州市村集体经济发展的一个重要特色。经过30多年的快速发展，苏州的城市扩容空间日益狭小，但对土地的需求依旧不减，土地资源的稀缺性日渐显现。为了更加集约地用好土地资源，减少增量土地，用好存量土地，苏州市政府于2013年出台《关于鼓励积极盘活存量建设用地促进土地节约集约利用的实施意见》（以下简称《意见》）。该文件指出“在符合土地利用总体规划前提下，鼓励农村集体经济组织将依法拥有的存量建设用地，按城乡规划所确定的用途，按规定报经市政府批准后，建设除住宅和可分割转让的商业、商务房产外的经营性项目”。

从农村社区股份合作视角来看，其要点体现在六个方面：第一，为农村社区股份合作社异地置换发展物业提供了法规依据。《意见》指出，各地政府根据实际情况，可以允许农村集体经济组织将其特定使用权的土地在用途不变的条件下，等价置换到规划更加适宜的区域进行土地权益开发。通俗地说，就是要将村建设用地等价转换到工商业开发区。第二，从地方法规层面为社区股份合作的联合发展铺平道路。《意见》指出，如果建设地块按照规划要求开发强度较高（黄金地段，单位土地面积投资量巨大），单个集体经济组织（一个小村集体的合作社）能力不足以按照规划要求的投资强度进行开发的，各属地政府或管委会有责任协调多个合作社进行联合开发。第三，明确农村股份合作组织为农村社区开发建设的主体。《意见》要求，“原地建设、异地建设和联合建设项目，主体必须是村（社区）集体经济组织或其联合组成的股份合作经济组织，所建建筑物原则上不得分割转让”。第四，为增加农村集体经济组织的收入，文件明确要求对原存量建设用地不足的农村集体经济组织，按照“一村二楼宇”的原则安排建设用地。对二楼宇用途也作了明确规定，即，社区服务用房和增加集体经济组织财产性收入（租金）的经营性物业。第五，各区人民政府或开发区管委会要在资金上对经济较为薄弱的村级经济组织进行适当帮扶。第六，各村的物业收入要定期向集体经济组织成员公布。

经过政府有目的地定向推动，仅2014年，苏州市就立项和确定“一村二楼宇”项目178个，建设经营物业面积约410万平方米，项目总投资约160亿元。譬如，龙西社区开发的龙西大厦项目，规划建设20层高，占地11亩，建设商业综合体面积约3.3万平方米，2017年3月开工建设，2019年年底已交付使用，预计每年可为社区带来1500万元左右的稳定收入。这些措施对平衡各村发展水平，壮大农村社区股份合作组织发挥了巨大作用。

（二）固化合作社股权，取消合作社中的集体股

从2014年至2016年底，苏州市政府利用3年左右的时间基本完成了社区股份合作社的股权固化改革工作。至于为什么要进行股权固化改革工作，主要是因为前期，思想不够解放，股权设计不够合理、不够稳定。政府希望通过固化股权来解决当初改革不彻底的遗留问题，从而进一步明晰集体资产的权益归属，落实集体经济组织的经营主体责任，实现集体资产的保值增值。另外，政府希望通过股权固化改革进一步保障集体组织成员对集体资产的占有、收益、继承等合法财产权益，让农民有更加稳定的财产性收入来源。股权固化改革有效防止和避免了因股权频繁调整而引发的周期性矛盾，从而降低了管理难度，促进农村社会的和谐稳定。

2016年，苏州市政府针对社区股份合作社出台新规定，明确要求今后新组建的社区股份合作社，均须股权固化，而且为避免改革不彻底和所有权二次虚置，新设立的社区股份合作社均不再设置集体股，已经设置集体股的合作社，要在今后的改革中逐步核销集体股，并将其全部量化为个人股。对于社区股份合作社今后的发展也提出指导建议，要求真正建立健全“理事会、监事会、社员大会”制度，加快实施政经分离改革，创新体制机制。取消集体股之后，原来由社区股份合作社承担的公共管理支出（卫生、医疗、教育等），可以从合作社收益分配中提留列支。列支情况及分配方案须经合作社代表大会讨论通过，接受合作社社员监督。另外，苏州市还提出了一个股红分配建议比例：用于集体经济组织成员的分红一般不超过40%，用于村或

涉农社区公共服务和基本开支不超过30%，用于股份合作社的积累再生产营利不低于30%。这些规定对苏州社区股份合作社健康发展具有重大指导意义。

合作社股权固化成效明显，让合作社社员得到更多实惠。2017年以来，苏州昆山市花桥经济开发区在全区15个农村社区股份专业合作社探索实行"股权固化"，确保集体资产保值增值，股随人走，村民利益不受损失，无论村民搬迁到何处工作和生活，原有的股权永远不变，也永远享受分红，而且股权可以继承。2018年，"苏州高新区63865户'股民'分享的分红总额达2.22多亿元，较2017年的1.873亿元上升了18.6%。全区自2005年股改以来，农村社区股份合作社累计分红超16亿元"[①]。

(三)探索农村股份合作健康发展的"政经分离"出路

针对合作社与村两委职能交叉、管理体制不畅的问题，苏州在这一阶段对如何处理村两委与社区股份合作组织相互关系作出探索，其中尤以枫桥镇的"政经分离"实践经验引起世人关注。改革、发展中遇到的问题，只有靠进一步改革的办法解决。从对苏州高新区枫桥街道的调查可以发现，这句话在这里演绎成了一次次自我革新的生动实践。

早在2004年，枫桥镇就开始撤镇建街道，两年后实现"撤村建居"全覆盖，24个行政村合并建制为7个社区居委会，近6万枫桥村民"拆房上楼"，集中入住动迁安置小区。以此为契机，枫桥街道以村为单位，进行清产核资，实施股份制改革，24个行政村共组建24个村股份合作社。2012年前后，为使分散的24个小型股份合作社做大做强，枫桥街道提出要组建合作联社。借此机会，枫桥街道将符合条件的农民按照"农龄"折股量化，股份到人到户，把"共同共有"的集体经济改造为"按份额共有"的合作社实体。同时，为了让股份合作联社能够轻装上阵，提高市场竞争力，枫桥街道按照"行政事务划归社区管理，经济职能留在股份合作社"的原则，实施"政经分离"。

① 苏州高新区宣传部.2.22亿元红包送"股民" 高新区股份合作社分红再增18.6%[EB/OL].中国高新网.2019－02－27.网址:http://www.snd.gov.cn/snd/xwzx/20190227/cb26e724－540f－41db－86e8－b34bec453bcf.html

合作联社及其构成单位24个村股份合作社转型为“纯经济”的富民载体。

通过多年的改革探索，“政经分开”的成效逐步显现。经济方面，集体经济做大做强，市场主体意识与竞争力有效增强，农民经济权益得到有效保障，农民收入稳步提高。2015年，枫桥街道农民人均纯收入就达到32786元，2018年，枫桥街道农民人均纯收入达40530元，户均分红约9000元。从社会管理与社区建设方面来看，枫桥街道创建了“服务中心＋社区”的社区治理模式，构建起社区管理的“四级网格”，理顺了社区公共服务主体权利义务关系，促进了城乡社会管理的一体化，整合了管理资源，形成工作合力，助推了社会管理创新，居民幸福感与满意度不断提升。

第三节　苏州土地股份合作社发展的历史脉络

土地作为一种最重要的农业生产要素，其经营方式与一定的生产力发展水平密切相关。土地股份合作正是在苏州农村生产力发展水平，以及当前农村社会治理制度等一系列特定条件下的产物。

一、苏州土地股份合作的萌芽阶段(2000年之前)

作为鱼米之乡、人间天堂的苏州，在农业生产经营方面具有得天独厚的优势。20世纪80年代之前，苏州农村实行人民公社的政治经济制度，使生产关系的发展超前于生产力发展水平，与生产力发展水平不相适应。80年代之后，苏州顺应改革形势发展要求，实行家庭联产承包和统分结合双层经营制度，极大地促进了生产力发展，粮食生产迅速恢复到较为合理水平。得益于苏州的沿海区位优势，苏州境内的乡镇企业异军突起，带动了苏州生产力发展水平的迅速提高。在这种情况下，固守几亩承包土地务农的比较效益十分低下，于是在农村各农户之间自发地出现了转包，甚至“抛荒”的现象。作为承包土地的出让方，自然感觉小农不经济、务农不实惠，所以有出让土地的冲动；作为承包土地的受让方，“一只羊是放，一群羊也是放”，既然我种自己家几亩田地收入微薄，那我何不多种点地，实现规模效益呢？在这种背景下，合作的意愿开始显现，只不过这时的合作是临时性的、短期性的、小规模的、缺乏法律法规保障的，但它毕竟是萌芽了。它从另一侧面反映出当时的土地制度与生产力发展水平脱节，土地生产效益低下，这同样违背了生产力与生产关系发展相适应的基本规律。

当然，这种萌芽状态的土地合作经营，由于缺乏法律法规保障，缺乏对未来的长久经营预期，一些接受转租的承包经营大户往往采取掠夺式经营策略，不注重长期投资，不注重农田水利基本设施建设，只贪图一时之利益，农业经营的总体效益依然不高，缺乏可持续发展潜力。

二、土地股份合作的探索发展阶段(2001—2012 年)

2001 年前后，苏州经济社会已经有了相当程度的发展，外向型经济正在发挥出巨大作用。苏州市当时的 300 多万农民中，绝大多数的农村劳动力已经在城镇工作。他们虽然有承包土地，但却不能精心耕种，他们的主要收入、劳动时间和精力早已不在农业和农村。这种现状造成了农村劳动力和农村土地资源的双重浪费。在此背景下，适应科学种田和生产社会化的时代已经到来，土地规模经营已是大势所趋，农村的变革势在必行。

2001 年以后，苏州市委市政府针对农村已经自发开始土地承包权流转的实际情况(包括转让、转包、互换、入股、合作等多种形式)，鼓励基层村镇大胆尝试，探索出路，以期实现生产要素的市场化配置和可持续经营发展。2002 年 1 月 8 日，胥口镇成立了江苏省第一家土地股份合作社。农民以自己的承包地、自留地作价入股，成为土地股份合作社的股东。合作社将土地统一平整、规划、储备和开发，发展规模农业和现代农业。合作社社员按年享受合作社分红，按照土地股份合作社章程，合作社社员的个人股权可以继承、馈赠、转让。胥口镇土地股份合作社第一年分红 400 元/亩，第二年分红 480 元/亩，此后逐年增加，近些年基本稳定在千元附近。以前，农民累死累活，一亩地收入才几百元，现在不需要多操心就有近千元入账，何乐而不为？之所以能够如此，主要是因为农业规模经营的增收益。因此，对这种以农村土地股份合作社为载体，让农民以土地承包权入股，发展现代农业、促进城乡交融、支持城镇化发展的做法，苏州市委市政府给予了充分的支持、引导、规范和推广，使之成为农村土地承包权分置改革的最主要特色。

当然，在土地股份合作改革发展过程中，各地的做法也会存在些许差异。譬如，昆山市的做法是，大力鼓励发展土地股份合作社，但要保证土地流转过程中的“三个不”：不改变土地集体所有性质、不改变土地用途、不损害农民土地承包权。同时，为调动广大农民参加土地股份合作社的热情，昆山市通过政府补贴的方式确保合作社社员收益分配保底分红不低于500元/亩/年。另外，要求各合作社在保底分红后，剩余的利润允许提取公积金、风险基金、管理费各10%，然后再按照股权进行二次分配。合作社在平整治理土地之后，面向村内外有务农积极性的人发包土地。为确保农地实现规模经营，单个发包土地规模不低于50亩。这样一来，家庭农场得到发展，一些入社农民也成为家庭农场或企业农场的农业工人。仅2010年，昆山市土地股份合作社累计分红达到1.4亿元。

另外，苏州市政府还要求各地设立耕地保护专项资金，对于连片种植1000亩以上的，另外给予400元/亩的奖励补贴。在政府的强力引导支持下，土地股份合作在苏州有了较大发展，仅2009年，苏州市就新增土地入股面积36.9万亩。

三、土地股份合作规范发展的阶段(2013年以来)

自从苏州市被确定为江苏省城乡一体化综合配套改革试点城市以来，苏州土地股份合作得到飞速发展，到2015年，全市已有744家土地股份合作社，“入股土地面积超过118万亩，占全苏州承包面积的62.6%、土地流转面积的68.9%、规模经营面积的63.8%，仅2014年苏州土地股份合作社分红近3亿元”[①]。目前苏州市土地股份合作社数量很多，但土地归入合作社后应该如何经营，这是一个现实问题。从目前形势来看，土地股份合作社的农地经营主要有以下三种比较成熟的类型。

第一种是种田大户以家庭农场的方式承包土地股份合作社土地。土地股份合作社从农民手中拿到土地之后，首先对其进行规模土地整治(农地改

① 陆晓华.我市创新探索土地入股集体经营新模式[N].苏州日报.2015-11-05(04).

造方式很多，取高垫低，改旱为水等)，以便形成集中连片的高效农业用地。然后合作社设置“标的”面向种田大户分开竞价招租，目前绝大多数土地股份合作社均采用这样的模式。譬如，昆山市“千灯镇在2009年就以99.68%的高流转率，将3万亩土地流转并发包给96个种养大户发展规模农业，在千灯镇西部形成一个30平方公里现代农业园”①，成为大量吸引上海和苏州游客的休闲、旅游农业产业园示范区。在千灯镇，一般承租100亩粮田的大户年纯收益超过10万元。

第二种是由具有法人资格的农业企业在不改变土地用途的前提下整体租赁经营。集中连片的土地，规模越大，越利于工商企业整体实施现代农业开发，因此价值也越高。譬如，苏州市吴中区临湖镇湖桥村将其土地股份合作社所拥有的8000亩土地整体租给苏州稼泰丰农业科技发展有限公司进行现代农业开发，每亩土地收取租金3000元，取得了良好的经济效益和生态效益。当然，采取这种经营形式的土地股份合作社数量是最少的，它需要天时、地利、人和才行。

第三种是土地股份合作社以合作农场的方式自我经营。这是近年来苏州市主推的一种土地入股集体经营新模式。所谓“合作农场”，就是按照“政府引导、农户自愿、明确股权、提质增效、责任共担、利益共享”原则，在农地股份合作社的基础上，实行入股农户共同参与经营，并由农地股份合作联社统一管理的新型土地经营模式。这种合作农场在推动现代农业发展、促进强村富民等方面发挥了积极作用。

合作农场的出现缘于专业大户承包经营的不稳定性。由于土地流转关系不稳定、经营者素质参差不齐、农业基础设施不均衡等频繁出现，以专业大户为承租对象的发包经营模式逐渐暴露出一些粗放经营等问题。在发展经济的同时如何找准经济、生态和社会效益的平衡点，也是一个非常现实的问题。这些问题给合作农场的出现找到了一个合理的借口。因此，苏州市在这方面的探索为我们提供了宝贵经验。合作农场能否经营得好，关键是

① 袁源，仁际宇.苏州城镇化路径：工商业崛起 就地“农转非”[N].证券时报.2013－12－31(04).

看能否建立起理事会、监事会、社员大会之间权责明确、相互制衡的治理结构。

四、苏州农村土地股份合作的发展现状

现代化农业发展的前提条件是需要一定程度的农业规模经营，否则，现代农业机械、农业技术就无法施展手脚。在家庭联产承包责任制的条件下，一家一户对外联系进行土地流转的模式在实际操作过程中存在重重阻碍，难以实现高效流转。然而，如果通过土地股份合作的方式实现农地规模经营就有较大的现实可行性。从利益角度来看，首先，农民可以从土地的流转中获得一定的租金收益（这个收益未必比自己耕种少，现实的调查支撑着这个观点）；其次，农民还可以利用到合作社打工的方式获得作为农业工人的一份工资性收入；再次，在年终时，农民还可以拿到合作社的分红收入（二次返利）。从运作机制来看，合作社作为熟人社会的产物，其对内组织土地流转具有一定的便利性，对外进行土地规模化发包无论是对家庭农场抑或是对农业企业都具有较强的可靠性。因此，土地股份合作大大提高了农民参加土地流转的积极性，大大加快了农业用地向规模经营集中的步伐。2010年，苏州市70%的农民承包地实现了规模经营。2018年，苏州市96%的农地已经实现了规模经营。需要特别说明的是，苏州市在推广土地股份合作经营过程中，始终坚持政策引导、农民自愿的原则。从调查中可以发现，确实有一些农户始终不愿意转让出土地经营权，他们是把这份土地视作充实和丰富自己生活的载体，而不是获取收入的来源。这部分人绝大多数是经济比较宽裕的。

总之，通过大力推进农村股份合作改革，苏州市创新了农村经济发展形态，实现了农村土地经营方式经历了由“统”到“分”再到“合”的螺旋式上升发展。

第四节　苏州农民专业合作组织发展的历史脉络

按照农民专业合作社法的规定，农民专业合作社是一个以农村家庭承包经营为基础的自助与互助相结合的组织。改革开放之后，苏州市农民专业合作社的发展经历了三个发展阶段。

一、农民专业技术协会阶段(2000年前)

1981年中共中央发布《关于进一步加强和完善农业生产责任制的几个问题》，正式确认了农村联产承包责任制的合法地位。随后两年间，家庭承包责任制迅速席卷全国，原有的人民公社制度迅速失去其存在的合理性，于是，1983年10月，中央政府发出《关于实行政社分开建立乡政府的通知》，正式宣告人民公社破产，乡政府成为中国最低一级政府。

在此背景下，苏州农村绝大多数农地、果树、鱼塘、茶园都被分到家庭手中。一家一户的经营管理热情是高涨的，但客观上有技术、管理、销售上的困难。因此，自20世纪80年代林地、鱼塘承包经营之后，农户之间在疫病防治、农药化肥、加工生产、销售等各个环节的协作需求日益加大。在果农、蟹农、茶农之间自发形成相互依存的协作关系。最早是由一些“能人”牵头，后来，内部逐渐形成了一些“规矩”，大家在“自利”的前提下，维持着协作关系的存在。这种自发的协作组织其规范化程度不高，内容多限于技术合作与指导。因此，早期的合作组织也被称为“农民专业技术协会”。

从当时的情况来看，苏州市主要有4种类型的农民专业技术协会。其一是县级以上科技协会发起建立的农民专业技术协会；其二是由农业技术推广站等政府部门、事业单位发起建立的；其三是由供销社发起建立的；其四是由农村中的专业户和技术能手自发建立的。因为当时尚处在计划经济向市场经济摸索试探的阶段，所以当时脱产、半脱产技术干部和农民技术员在专业协会中发挥着骨干作用。农民专业技术协会呈现一种制度差异很大、类型多样化的状态。

二、农民专业合作社探索发展阶段(2000—2010年)

进入21世纪后,农民专业技术协会的低组织程度已经远远不能满足形势发展的要求。因此,在经济相对发达的苏州,规范化程度较高的各种各样的专业合作社应运而生。当时,我国虽然尚未出台农民专业合作社法,但基层的创造热情是阻挡不住的。农民借鉴股份公司与国际合作社的组织章程,探索成立各自的专业合作社。譬如,苏州成立了阳澄湖大闸蟹合作社、东山碧螺春茶叶专业合作社、农机专业合作社,等等。这一阶段,农民专业合作社因现实紧迫性而出现,所以发展非常迅快,然而由于当时缺乏必要的法律法规调节,在日常经营管理中也遇到一些难以克服的矛盾和问题。

直到2006年10月31日,全国人大颁布《中华人民共和国农民专业合作社法》(2007年7月1日正式实施)。之后,2010年江苏省政府出台《江苏省农民专业合作社条例》。至此,农民专业合作社的法律主体地位得到确认,各种权利义务得到明确。

在此背景下,苏州市委、市政府为了加大扶持力度,强化规划引导,先后出台一系列的政策措施,要求有关部门为农民专业合作改革提供配套服务和保障。具体包括:第一,给予合乎条件的农民专业合作社准予工商登记;第二,给予相应的资金和政策扶持。其实,早在农民专业合作社法颁布之前的2005年,苏州市政府就在其23号文件中明确要求,对农村新型合作经济组织,在财政资金、土地使用、税收优惠等方面给予政策扶持。特别规定,凡农民持股超过80%的农村新型合作经济组织,给予减免相关规费,减免缴纳的地方税收及增值税地方留成部分;第三,给农民专业合作直接的资金补贴与支持。从2004年开始,苏州市每年都要安排一定的财政资金,专项支持农民专业合作社发展。下属各市、区也都相应安排了专项扶持资金;第四,对筹建农民专业合作社给予组织指导。苏州市农村工作领导小组办公室通过举办农村"三大合作"组织管理培训班的方式给予相关人员以从筹建到组织运营的业务指导,给相关专业合作社提供章程建议等。经过系列措施推动,苏州市到2010年的时候已经有农民专业合作社2000余家,约有95%的农户被以合作社的形式组织起来。

另外，在这一阶段，苏州市还成立了劳务股份合作社、富民股份合作社等多种类型的合作社，其法律地位尚不明确，一般参照农民专业合作社管理。

三、农民专业合作社发展的成熟阶段(2011 年以来)

2011 年以来，苏州市农民专业合作社进入规范发展新阶段。其成熟性表现在，农民专业合作社扩展到涉农的全部领域，其组织成分日趋多元。其中，有生产领域的、流通领域的，也有服务领域的；合作社既有农民之间的合作，也有农民与高等院校、科研院所的合作；还出现了合作社之间的联合。

这些专业合作社在引导农民采用现代农业科学技术、提高农业经营规模、组织起来走向市场、解决就业、增加收入等方面，都发挥了重要作用。其中，典型的如：太仓市蒋氏绿色产业合作社、张家港市特种水产协会、昆山市周市镇南美白对虾协会、相城区蔬菜协会、张家港市乐余镇苗木基地、常熟市葡萄种植基地、苏州未来水产养殖场、昆山市张浦镇龟鳖技术研究会养殖基地，等等。2010 年 11 月 24 日，“苏州湖桥集团”领到了全国第一张农民“企业集团”的营业执照。这个新型股份合作经济组织是对农村合作经济组织的改革和创新。

为了促进农民专业合作社的规范和有序发展，2013 年苏州市农村工作领导小组办公室制定了《苏州市农民专业合作社星级评定管理办法》，对农民专业合作社开展星级评定活动，按照八大方面、53 条细分标准，进行考核，确定一星级、二星级和三星级级别，获得星级的合作社，可以获得项目优先、贷款优先等优惠扶持政策。这种评定活动，以后也被推广到其他形式的农民合作社中。

自 2014 年起，苏州市每年都对农民专业合作社均进行考核认定，对获得承认的农民专业合作社名单在互联网进行公示，并以此为依据进行财政补贴。

目前，苏州市对农民专业合作社的认定主要包括以下因素：合作社成员以农民为主体，股权结构合理。其中：单个成员入股比例不突破 20%；所有成员股权比例按从高到低顺序排列，前 5 位成员入股的比例不超过 50%；

合作社按交易量(额)返还成员可分配盈余的比例超过60%。

在此基础上，还需要按类别分别满足以下条件：

(1)农机类专业合作社：合作社拥有农机具30台套以上，年作业面积2000亩以上。

(2)粮油类专业合作社：合作社农民社员10户以上，经营面积1000亩以上。

(3)水产类专业合作社：合作社年销售收入300万元以上。

(4)蔬菜类专业合作社：合作社年销售收入100万元以上。

在本章结束的时候，笔者特别强调，农民专业合作组织是一种传统的合作组织，农村社区股份合作社、土地股份合作社等新型股份合作组织是在传统合作的基础上增添了“股份制”的内涵，使产权界限更加清晰，利益分配机制更加完善，是传统合作组织的创新发展。但是，目前我国尚未对农村新型股份合作组织作专门组织分类，只是在2017年12月修订的《中华人民共和国农民专业合作社法》第十三条规定，“农民专业合作社成员可以用货币出资，也可以用实物、知识产权、土地经营权、林权等可以用货币估价并可以依法转让的非货币财产，以及章程规定的其他方式作价出资”。从中可以看出，与旧版相比，新修订的《中华人民共和国农民合作社法》允许农民以土地承包经营权、林权等作为入社条件，其实是默认了土地股份合作社等新型农民合作组织的存在合理性，只是因为尚处在探索期，所以没有作太过具体的限定。在苏州等地的管理实践中，农村股份合作组织也是参照《中华人民共和国农民合作社法》进行规范管理的。本书中重点阐述的是，农村股份合作组织对新型城镇化的推动、促进作用。

第七章

农村股份合作组织存在的合理性、创新价值及存在问题

农村股份合作组织的出现不是偶然的，是特定生产力、生产关系矛盾运动的结果，具有自身存在的合理性，对中国的农业、农村改革，对中国特色新型城镇化发展具有重要意义。

第一节　农村股份合作组织存在的合理性

一种新事物的出现必有其合理性及其存在价值，农村股份合作组织也是如此。它之所以能够出现，是因为它能够在特定的社会背景下解决一定的社会矛盾问题。在苏南地区存在的 3 种主要类型的农村合作组织各有千秋，都在解决某些实际问题方面发挥着独特的作用。

一、农村社区股份合作社解决了权力主体分散与集体经营的矛盾

农村社区股份合作社较好地解决了权力主体分散与集体经营的矛盾，促进了农民身份和收入的多元化。农村社区股份合作社是在农村管理现代

化过程中，为了克服集体资产所有权权属不明、权责脱节的弊端，为了解决村民缺乏行使权利渠道所导致的所有权虚置问题，通过对集体的经营性资产清产核资，量化折股，公平分配，使集体资产量化到每个村民头上，并以股份制的形式实行联合经营而形成的新型合作组织。其实质是，集体资产资本化、资本股份化。

农村社区股份合作社是在明晰产权的基础上，参照现代合作企业的组织形式，建立以社员（股东）大会、董事会和监事会为核心的合作社治理结构，实现权责明确，利益与风险共担，是现代企业制度的初级形式。农村社区股份合作社完善了集体经济的实现形式和分配形式，保护集体经济组织及其成员的合法权益，在很大程度上增加了农民的资产性收入和资本性收入，使之逐步摆脱对农村和农业的依赖，为农民“持股进城、按股分红”创造了条件，为农民市民化、收入多元化、城乡一体化奠定了基础。这种股份合作形式对于东部发达地区有较大的参考价值，而对集体经济薄弱的中西部地区具有较小的可行性。因为苏南及其他沿海地区早在 20 世纪 80 年代起就有大办乡镇企业的基础，淘得了改革开放后的第一桶金，进入 21 世纪后，大量外资企业入驻苏南，客观上为农村集体经济发展创造了较好的外部环境。因此，苏南地区农村集体资产较为雄厚，村集体的影响力和号召力比内地会强许多。

以苏州市为例，2019 年年末共有各类农民专业合作社 2243 家（2017 年此数字为 3947，近两年对一些空壳合作社进行了清理注销，另外，随着城镇化深入，一些以自然村为基础的合作社进行了合并。因此，合作社数量有明显幅度下降，质量有明显提升），家庭农场 432 家，农村集体总资产（清产核资后）3180 亿元，村均年可支配收入 936 万元[①]。其中，社区股份合作社占比较多，是当前苏州农村股份合作的主要形式。近年来社区股份合作社分红水平显著提升，社区股份合作社分红成为农村居民重要的收入来源。

① 苏州市统计局. 苏州市 2019 年国民经济和社会发展统计公报[EB/OL]. 中国统计网. 2020－04－22. 网址：http://www.tjcn.org/tjgb/10js/36361.html

二、农村土地股份合作社解决了家庭联产承包与适度规模经营的矛盾

农村土地股份合作社解决了家庭联产承包与农业适度规模经营的矛盾，促进了土地资源的优化整合，促进了农业现代化水平的稳步提升，使苏州城乡一体化和城镇化发展呈现出良好的发展态势。土地股份合作社是在社会主义市场经济条件下，在稳定家庭承包经营制度和确保农民土地承包经营权的基础上，为克服农业规模经营与家庭联产承包责任制的基本矛盾，以促进土地流转、增强农民收益为目的，由村委会牵头组织协调，农民以自己土地承包经营权入股，创新设立的新型农村合作组织。这种新型合作组织产权是清晰的，经营主体权责是明确的，它充分借鉴了股份制与合作社制各自的优点，就其实质而言土地股份合作社就是土地资本化、资本股份化。

改革开放以来，我国农村实行了家庭承包责任制，解放和发展了农村生产力，基本解决了农民的温饱问题。但是随着农村生产力水平的进一步提高，国内外环境的发展变化及商品经济的发展，这种制度的内在缺陷逐渐显露出来。具体表现为：小规模与集约化、小生产与大市场的矛盾。因此，促进土地流转，推进适度规模经营成为农业发展的内在要求。土地股份合作社以本村农户为成员，以土地的平整、维护、招标和监管为主要经营内容，设立专门的组织机构，制定活动章程，实行民主管理统一经营。早期的土地股份合作社有集体股和个人股之分，其收入主要来源于两个部分：一是将本社的土地整体发包招租的收入；二是将土地集中连片整理之后，土地数量及品质提升形成的土地增量收入。其中，土地招租时对竞标者有规模和投资门槛限制（大部分将起点设置在50亩以上），着眼于发展现代高效农业，建立规模经营的现代农场。另外，土地数量增量来源于农业生产管理中标准亩与自然亩的差别，以及田埂沟渠整治后的节约效应。这部分增量土地通常情况下会通过异地置换，使之成为规划工业区的一片"飞地"，从而产生更大的经济效益。

土地股份合作社顺应了农业生产力发展的要求，在明确农民土地股权的前提下，实现了专业化生产和规模化经营，促进了农民的专业化分工，大

大提高了土地经济效益，为实现农民增收奠定了基础。除让农民获得土地分红收入外，还可以让大多数农民摆脱土地的束缚，专心从事非农就业或创业，大幅度提高非农收入，通过吸纳当地剩余劳力及中老年农民从事必要的农田管理，农民还可获得一定的打工收入。因此，土地股份合作社较好地解决了家庭承包经营与适度规模化经营的矛盾，在更大范围内实现了土地资源的优化配置，为统筹城乡发展规划、促进协调发展创造了条件。

从对苏州土地股份合作社的调查来看，农民承包的土地入股以后，一般会享受 400～1000 元/亩/年的保底分配，经营效益好的合作组织，会实施二次分红。土地入股的农户可以优先在合作社打工（尤其是土地股份合作社自营的集体农场，除几个专职人员外，会根据农时需要雇佣一定数量的农业工人），获取一定数量的劳务收入。农户与土地股份合作社之间建立起紧密的利益联结，取得了较好的经济效益和社会效益，有效地实现了劳动合作与资本合作的有机结合。

三、农民专业合作社解决了农民致富期待高与抵御系统性风险能力不足的矛盾

在农村，除了农业之外还有多种形式的种植、养殖、加工、旅游等副业存在，这些传统的副业同样是以家庭经营为基础的，是农民收入的重要来源之一。农副业的家庭经营方式具有经营责任心强、监督成本低、生产效率较高等优势。但是，农副业家庭经营也有不可避免的劣势，譬如，在市场竞争不断加剧的情况下，小规模、分散的专业户抵御自然风险、市场风险的能力低，获取市场信息、塑造品牌、掌握先进技术的成本高，等等。这种矛盾冲突在全国农村普遍存在。农民专业合作社的出现就是既要保证家庭经营的产出高效率，又要减轻自然风险、社会系统性风险可能造成的伤害。因此，我国在 2006 年出台、2017 年修订的《中华人民共和国农民专业合作社法》中，对农民专业合作行为作出规范、支持和引导，希望通过建立农民合作组织，可以增强农民在市场竞争中的议价能力，帮助农民有效进入市场，解决农资产业和农副产品买卖困难等问题。实际上，农民专业合作社的形成与发展，既是农民和农业适应市场化的需要，又是农民组织化、农业现代化的需要。无

论是从世界各国的农业现状来看，还是从农业发展的一般规律来看，农民合作组织都是一种很重要的产业组织形式。

农民专业合作社可以帮助农民建立起城乡之间直接沟通的桥梁，可以让农民在合作社组织内部学习到更多的市场法律法规及先进文化技术，掌握以契约为基础的城镇生活规范。有些专业合作社成员在经过专业合作社的培育后，逐渐落户于城镇，同时他们以城镇为落脚点，反哺农村，成为沟通城乡的重要群体。因此，农民专业合作社在我国城镇化过程中有存在的合理性和必要性。

根据调查，在农副业比较发达的苏州吴中区东山镇、金庭镇（即西山镇），农民收入构成中农业收入占比约 10%，茶、果、蔬、渔等副业收入约占 50%，打工收入约占 40%。因此，几乎所有苏州东西山农户都至少加入了一个茶叶专业合作社、果蔬专业合作社或水产专业合作社，他们借助于合作社平台，塑造了东山碧螺春、西山杨梅、白玉枇杷、太湖大闸蟹等农副产品畅销品牌，掌握了比较先进的种植、养殖技术，扩大了市场销路，专业合作社收入成为这些地方农民收入的主要来源。当然，发展专业合作对地域性有较高要求，对于木渎、盛泽等平原乡镇的农民来说，他们的收入主要来源于个体经营收入、打工收入、社区股份合作收入、土地股份合作收入，专业合作收入微乎其微。

第二节　农村股份合作组织创新价值

一、农村股份合作组织是传统合作社的组织创新

多种类型的农村股份合作组织（社区股份合作、土地股份合作、富民股份合作等）相对于传统经济组织而言是一种创新。其创新点体现在：第一，组织形式的突破。相对于一家一户的小生产而言，众多生产者的资本联合与劳动联合在形式上是一种突破。尤其是土地股份合作、社区股份合作等新型股份合作组织的大量涌现，使传统合作社与现代企业制度较好地结合

起来，成为生产组织形式的重大创新。传统意义上的合作社强调生产过程中的互助合作（尤其是劳动合作），而农村股份合作组织更注重生产要素（土地和资本）的互助合作。当然，它也不排除生产过程中的劳动互助合作。第二，服务手段的创新。传统意义上的合作社“提供成员所需农业生产资料的集中采购，农产品的销售、加工、运输、贮藏及农业生产经营过程中涉及的各种技术、信息服务”，属于生产管理范畴，而农村新型股份合作组织则以土地规模经营、资产和资本经营为主要内容，属于资本管理范畴。第三，分配方式的突破。传统合作社一般有按成员交易量返利的所谓二次分配，苏州农村股份合作按理讲是不存在二次分配的，但在实际运行中，为了确保农民的利益，鼓励农民积极加入合作社，所以各合作社一般有一个保底分配的说法。譬如，土地股份合作社，一般给农民有一个每亩800元或1000元保底租金，然后到年底根据实际运营情况在此基础上也有适当的二次分红。社区股份合作社与富民合作社一般不存在二次分配的问题，有时存在着所谓保底分配的承诺。第四，治理结构的突破。新型农村股份合作组织至少从形式上严格地按照董（理）事会、监事会、社员大会三权制衡原则进行组织。但从实际运作来看，“三会”骨干基本还是由村干部兼任，这应该是与我国现阶段国情相一致的。另外，从表决方式来看，农村股份合作组织采取了按人赋予表决权与按股赋予表决权相结合的机制。一人一票是基础，股份投入大的可以适当赋予附加表决权，至于附加表决权的权重大小过去主要由合作社章程决定，合作社法修订之后，要求附加表决权占比不超过20%。

从以上对比不难看出，农村股份合作组织是广大基层农村工笔者与广大农民大胆尝试、勇于创新的产物，它兼取了合作社与股份制的一些优点，兼顾了家庭经营与集体致富的对立统一，是一种具有创新价值的新型农村经济组织。

二、农村股份合作组织是对“统分结合、双层经营”制度的落实和完善

中共中央在第十七届三中全会作出的《中共中央关于推进农村改革发展若干重大问题的决定》中指出，“以家庭承包经营为基础、统分结合的双层

经营体制，是适应社会主义市场经济体制、符合农业生产特点的农村基本经营制度，是党的农村政策的基石，必须毫不动摇地坚持”。应该承认，家庭经营是农业经营中最有效率的经营形式，这已为中外实践所证实，在今后的改革中必须坚持家庭承包经营为基础不动摇。但是应该注意，统分结合的双层经营机制不仅有“分”，还有“统”。客观地说，在农村的第一次改革中，“分”有余而“统”不足！为什么呢？“分”易操作，且可立竿见影，但“统”难把握，且见效缓慢；“分”是新潮流，而“统”是老传统。

对于绝大多数农村来讲，20 世纪 80 年代农村改革的基本状况就是集体资产（包括土地）一分了之，虽然强调了家庭经营的灵活性，但忽视了集体经营的统一性。其结果是初始成效不错，大部分农村都实现了明显的、跨越式的发展，但初始发展之后是更长时间的停滞。过分地强调“分”使农民的小生产性、封闭性、保守性肆意蔓延，小富即安，缺乏合作，使农业生产长期在低水平徘徊，使农民收入迟迟难以得到有效的增长，使城乡收入差距缩小以实现共同富裕的目标难以实现。因此，只有“分”没有“统”，集体的作用得不到体现，基层组织的作用得不到发挥，这些都是当前农村改革和发展面临的重要问题。

从目前情况来看，现代农业和现代市场经济发展都要求参与主体具有较强的抗风险能力和议价能力。单一的个体很难适应现代社会的要求。我们现在要强调“统”的成分并不是要恢复人民公社那样的社会生产方式，而是要引导农民从最简单的互助合作做起，按事物发展的规律逐渐提高其组织化程度。从苏南地区萌生的多种农村股份合作组织既有家庭经营的延伸，又有集体经营的拓展，把集体经营和家庭经营有机结合起来，优势互补，形成合力，相得益彰。因此，农村股份合作组织是对“统分结合、双层经营”实现途径的创新。

三、农村股份合作组织是对农村生产方式的创新与发展

生产方式是指社会生活所必需的物质资料的谋取方式，是在生产过程中形成的人与自然界之间、人与人之间相互关系的体系。人们一般把物质资料生产的物质内容称作“生产力”，把其社会形式称作“生产关系”，这两者

都是生产方式的建设性内容——物质生产方式（物质谋取方式）和社会生产方式（社会经济活动方式）。换言之，生产方式是生产力与生产关系在物质资料生产过程中的能动统一。

马克思主义的生产力与生产关系原理告诉我们，生产力决定生产关系，生产关系又反作用于生产力，两者相互作用、相互促进，共同推进社会的进步。要想加快农民增收、促进农业增效，根本在于既要发展生产力，更要调整生产关系。“生产关系一定要适应生产力发展水平”这一基本原理，要求我们要不断深化生产关系领域的各方面改革，扫除不利于生产力发展的一切障碍。因此，在发展生产力的同时，不能忽视、更不能偏废生产关系。我们要主动调整生产关系，使生产关系与生产力相适应，这样对农业增效、农民增收的推动作用就更为明显。

对于调整生产关系，主要解决人与生产资料的关系及人与人的关系这两个问题。在农民与生产资料的关系问题上，近年我们做了一些工作。譬如，中共十七届三中全会作出的《中共中央关于推进农村改革发展若干重大问题的决定》，对农村土地制度作出了比较大的调整，将土地承包关系由“长期不变”转变为“长久不变”，进一步明确了土地使用权的归属问题，解决了长期以来农民与土地这种最重要生产资料之间的模糊关系。土地确权是对农村生产关系的一种调整，调动了农民群众的积极性，也使农村土地流转问题得到保障和规范。这些都对农民增收、农业增效起到了基础性的作用。

在调整人与生产资料关系的同时，我们还要注重调整人与人之间的关系，因为人是生产力中最有活力的要素。人作为具有主观能动性的生产要素，如果引导得当，他的积极性、创造性就会得到充分发挥，将极大地促进生产力的发展。农民专业合作组织是联系人与人之间关系的纽带，更是组织农民发展生产的重要途径。它不仅保留了家族作为基本经营单位激励性强、监督成本低的特质，也改变了家族单位在应对进入市场、应对风险时的弱势地位，它是与当今生产力发展水平相适应的生产关系的表现方式。只有把农民组织起来，对农村的各类生产要素进行重新组合和优化配置，才能使农村生产关系得到不断完善，才能使农村生产力获得新的释放、新的发展。从苏南农村的实践状况来看，要推动现代化农业发展和新农村建设，按人民公社的组织方式是行不通的，任由小农生产方式发展也是行不通的。农村股份合作组织作为提高农民组织化程度的有效形式，可以有效地重建农村生产关系。因此，农村股份合作组织是具有创新性和突破性的整合农村生产力与生产关系的农村生产方式。

四、农村股份合作组织顺应了社会主义市场经济发展必然要求

在农村千家万户的小生产与大市场之间的矛盾越来越突出的情况下，农民合作经济组织是重要的市场竞争主体，对提高农民的组织化程度有着重要的现实意义。

推行家庭联产承包责任制以来，我国农业生产实现了快速、强势发展，但随着农业生产技术的发展和市场化改革的深化，我国农业正面临严峻的形势，农民一家一户的小生产和千变万化的大市场难以对接，满足不了现代农业发展的需要，尤其是“入世”后，国门打开，竞争加剧，我们面临的现状是“提篮小卖”应对“跨国公司”。因此，我国农业存在的重要问题就是市场竞争主体薄弱。

农民组织起来，可以化解市场风险。随着经济发展和市场发育，作为个体的农民，很难谈得上分析和预测市场，把握市场规律，因而他们进入市场是盲目和冒险的。农村基层组织或专业协会能够清楚地认识到这一点，它们要遵照市场规则，尊重农民意愿，按照一定的经济利益关系把农民组织起来进入市场，降低和化解市场信息不灵、市场预测失误、市场规律把握不准等方面带来的风险，帮助农民解决缺少生产技术或技术不过关、销路不畅或销售成本过高等问题，真正使农民赚到钱。

农民组织起来，可以降低进入市场的难度。由于规模经济的客观存在，使得现实中的市场都是有一定的门槛的。单打独斗的小农经济很难达到市场准入的门槛，这给一家一户的农民带来了现实的困难。要解决农民群众选项立项难、技术投入难、规模经营难、产品销售难、进入市场难、扩大市场份额难诸多方面的问题，农民就必须组织起来，走组织化的路子。

农民组织起来，可以帮助实现市场利益最大化。一是有利于提高劳动

效率。只有组织起来，才能在技术培训、良种选择上降低成本与风险；只有组织起来，才能实现劳动的专业化分工，使不同层次劳动者的智能、技能得到充分发挥，增加产业效益，促进产业发展；二是有利于实现规模经济。通过内部经济和外部经济提高经济效益，增加农民收入；三是有利于促进产业专业化。不断提高组织化程度，能使产业生产实现由专到优、由优到精、由精到强到大的转化，适应大市场的需求，逐步达到和国际市场接轨的水平。

因此，农村股份合作组织是社会主义市场经济建设过程中出现的一种很有发展前途的新型农村、农业经营主体。

五、农村股份合作组织是农村改革政策的延续和深化

众所周知，中国改革开放起始于对农业和农村经营管理体制的突破，然后才逐渐延伸至城市及各个领域。当时农村改革的突出成果就是确立了以家庭联产承包责任制为主的“统分结合、双层经营”模式。这种模式最初由安徽小岗村搞承包责任制，逐步在农村推开，其核心思想就是承包经营农村集体土地，按照“交够国家的，留足集体的，剩下都是自己的”原则经营。该模式一举改变了农村经济贫弱不堪的状况，克服了平均主义的弊端，有效地调动了农民的生产积极性，使农业生产得到恢复和发展。但是，在经济社会得到充分发展之后，在中国要全面实现现代化的背景下，这种模式也滋生了农户超小规模经营与发展现代规模农业的矛盾，以及分散的小农经济与大市场之间的矛盾，问题似乎又重新回到了农村土地改革后、农业社会主义改造运动前的状态。进入21世纪以来，这一矛盾表现得更为明显。解决这个矛盾的根本办法和出路，就是要大力培育、发展和改革农村集体经济，发展合作经济，用合作的力量对抗市场的力量，用合作的规模应对发展现代规模农业的要求。因此，农村股份合作确实是在农村家庭联产承包责任制之后，针对农村发展实际状况作出的、新的改革实践，是对前一次改革的延续、发展和深化，是完全符合农业、农村生产力发展要求的改革措施。

股份合作制基于合作制，融入股份制，曾经被批评为“非驴非马”，它并非作为一种规范的所有制而存在。但这种创新性的有机结合可以作为集体经济的一种新的实现形式，发挥出特有的优越性，显示出强大的生命力。其

糅合了合作制和股份制的优点，在股份合作社，内部成员一身兼具劳动者和管理者二任，亦得工资和分红两种形式的收入。其聚集农民并以股东形式合作，农民明确根据自身在股份合作社内的持股数量行使管理权与分配权，也由此获得相应的股权收益。对于人民公社体制下的产权模糊不清、他人权益易受侵占的问题，通过股份配置，做到明晰产权，农民同股同权同益便显得极具优势。

六、农村股份合作组织是对经典作家理论的印证与完善

以农村股份合作为载体，改造农民和其他小生产者，使之符合马克思主义经典作家的预期和设想。在社会主义建立和完善过程中，如何引导农民走向社会主义道路，如何对待农民的小资产阶级情怀，恩格斯在《法德农民问题》一文中已多有论述(前文已述及，此处略)。他思想中最核心的观点就是，虽然我们已经可以预见小农必然灭亡，但我们却不必通过干预的手段，加速小农的灭亡。当工人阶级掌握政权之后，不能剥夺农民，不能压榨农民，要循序渐进地引导农民走向合作化的道路，并且通过合作社这个载体，让农民最终走上社会主义道路。从近百年的社会主义实践来看，不管是苏联和东欧社会主义国家，还是中国、柬埔寨、越南等亚洲社会主义国家，都没有解决好农民问题，即便是中国改革开放的前20年也没有很好地解决好农民问题。直到最近20年以来，我国才在中国特色新型城镇化道路的探索中取得了一些经验和成绩，农民、农业、农村问题才得到较好解决。对比分析近百年来社会主义国家在处理农民问题上的两种截然不同的实践结果可以看出，在对待农民的问题上，不仅在理论上而且在实践中是否遵循了恩格斯提出的两项基本原则，是关系到中国特色社会主义成败的重大战略问题，容不得半点马虎。

另外，农村股份合作组织的快速发展也是对邓小平同志“二次飞跃”理论的有效印证。20世纪90年代初，邓小平在同江泽民等同志谈话时就提出了“两个飞跃”的思想：“中国社会主义农业的改革与发展，从长远看要有两个飞跃。第一个飞跃是废除人民公社，实行家庭联产承包为主的责任制。这是一个很大的前进，要坚持长期不变。第二个飞跃是适应科学种田和生

产社会化的需要，发展适度规模经营，发展集体经济。这是又一个很大的前进，当然这是很长的过程。”[①]股份合作组织之所以能够在苏南地区率先发生，就是因为苏南地区经济社会发展进步到一定阶段了，在这个阶段，社会化大生产对农村、农业、农民提出了更高的要求，一家一户的小农生产方式需要有新的突破。农村股份合作组织的涌现正是实现“第二次飞跃”的表现形式，是经济发达地区在生产力有较大发展之后，对生产关系进行主动调整的必然要求。

当前，中国已迈入城镇化加速发展的新征程，运用农村股份合作解决城镇化进程中的一些现实问题，客观上印证了恩格斯关于农民在向社会主义过渡过程相关论述的真理性，也印证了邓小平同志“二次飞跃”理论的真理性。我们有必要在实践中坚持以马克思主义经典作家的理论为指导，全面落实党中央关于立党为公、执政为民的一系列决策，让城镇化成为利国利民的重要举措。

第三节　当前农村股份合作组织运行中存在的问题及对策

一、当前农村股份合作组织发展中存在的主要问题

(一)农村股份合作的制度空间还比较局限

改革开放 40 年多来，我们虽然明确要求建立社会主义市场经济体制，让市场在资源配置中起决定性作用，但是在农村，尤其是农村土地、集体财产权益分配方面，市场化程度不高，发展农民合作还存在较多制度层面的困扰因素。虽然 2017 年修订执行的《中华人民共和国农民专业合作社法》在

① 邓小平. 邓小平文选(第 3 卷)[M]. 北京：人民出版社. 1994:355.

一定程度上把土地股份合作、社区股份合作、富民股份合作纳入该法调节的范畴，但总体上还是框架性的，还需要有配套的法规去落实。目前，对于农资产品的经营特许权管放失当，涉农领域的权力“寻租”现象仍大量存在，社区股份合作的工商注册性质、支持政策还有待进一步细化等问题，还需要我们进一步在涉农领域解放思想，加大制度改革的力度，以制度改革推动农村合作事业和农村经济社会发展。另外，农村合作组织在发展中还面临着资金、技术、人才缺乏等瓶颈。

（二）农村股份合作组织发展良莠不齐，有的地区出现了合作组织异化现象

调查发现，并非所有的农村股份合作组织都是健康发展的，有些地区出现了各种各样的异化现象。主要表现为：一种是“骗补”行为。苏南地区地方政府为了鼓励发展农村股份合作组织，曾经出台政策对包括传统的、现代的多种合作组织提供补贴。一些地方由于未按照“寻找项目——从农民需求出发——帮农民解决实际问题——有组建合作社的强烈愿望——制度、组织、资金、人才输入”的建社路径前行，由于合作社发展评价体系未实施到位，有的地方出现了“伪合作社”。有些地方甚至因为片面追求合作社发展的数量指标，出现了“凑数”的或“骗补”的“空壳社”。第二种是家族化倾向。一些合作组织违背国际合作社原则中“开放原则”和“民主原则”，出现“家族化合作社”现象，一些社区股份合作社、土地股份合作社、富民股份合作社、专业合作社被一些村干部或有势力的家庭所垄断，减小了合作社的外部性。第三种是治理结构缺位。一些地方政府或专业机构对农民合作组织的指导严重缺位，合作社内部治理结构缺失，合作社章程制定很不规范，财务管理缺乏监督，合作社“三会”制度流于形式，在合作社内部封建专制和家长制作风盛行，导致一些合作社经营过于松散，成员只愿利益共享，不愿风险共担，导致合作社缺少凝聚力和向心力，社员的组织化程度不高。

（三）有的政府部门职能定位和行为选择欠科学

从国际合作社运动的发展经验来看，合作社的成长壮大离不开各级政

府的支持。不论是英美国家，抑或是日韩国家，各国政府都在农民合作方面给予政策支持、资金引导。但我们也应该看到，政府的支持、引导更多应该是方向性的，过度地干预合作社的运行有时只会适得其反。从目前各种农民专业合作社发展状况来看，有的合作社在实际经营过程中过分依赖政府的支持，甚至把合作组织当成骗取政府补贴的工具，一些政府部门也把这种补贴支持看作自己部门的特权加以利用。当然，也有一些政府部门并未按照《中华人民共和国农民专业合作社法》的要求主动有所作为，没有给合作组织提供应该的支持与服务，导致一些农村合作组织的发展举步维艰。

二、新时期促进我国农村股份合作组织发展的对策建议

（一）加大开展农民股份合作教育培训力度

教育培训要有针对性地面向三个重点人群实施。第一，政府职能管理人员的教育培训。对于政府职能管理人员，要侧重于合作法律法规的培训，侧重于合作社理论与管理机制的培训，促使其站在更高的立场指导、服务农村股份合作组织。针对这类人群的培训宜采取专家授课、典型考察、国际交流等形式。第二，农村股份合作社管理人员的培训。农村股份合作社管理人员主要包括合作社理事、监事、财务管理人员等。针对这类人群的培训，主要侧重于法律、法规培训，组织架构与运作管理培训，组织章程培训，沟通与管理技能培训等。对这类人群的培训宜采取国内考察、专家指导等方式。第三，农村股份合作社社员的培训。要经常性地组织合作成员参加集体活动，通过活动增强其组织意识。培训内容可以包括合作社章程培训，生产、流通技术培训，社会知识技能培训等。针对一般社会的培训宜采用相对闲暇的时间，由合作社管理人员或政府职能部门专业人员组织实施。

（二）加快组织模式的创新

自古以来，中国农民的组织化程度是比较低的，传统意义上的农村合作主要依赖血缘和亲情来维系一种相对稳定的合作。以血缘为主的传统合作形式对中国的发展曾起到了巨大的推动作用，也有其独特的优势。但血缘

合作毕竟属于熟人社会的范畴，市场经济本质上是陌生人的世界，是以契约和货币为主要联系纽带的经济。在社会化大生产的时代，在面对国际市场合作竞争的时代，在一个以陌生人为主的市场环境下，以亲情、血缘关系为纽带的合作组织显然是不适应当今形势发展的，必须对其进行改造。当前，中国农民合作建设的一个重要任务就是要完成从以血缘为主的传统合作形式转向符合社会化大生产的现代合作形式（不再以血缘为主，而是以契约为主）。为此，我们要在继承传统的基础上实现组织创新，一方面，我们的合作对象仍是以熟人社会为起点；另一方面，融入现代市场元素，让农民有一个适应的过程。我们要积极教育引导中国农民适应以契约精神为基础的陌生人社会，要通过典型示范、带动引导的方式让大家认识到农村新型合作组织的优势，要以股份合作组织为主要发展模式，促进多种类型股份合作组织成为联结城乡促进城镇化发展的纽带。

（三）注重民主化管理，进一步完善农村股份合作组织内部运行机制

从理论角度考察我们可以发现，民主、平等参与是合作的基本前提。任何不平等、不民主的合作都是难以维系的，除非你用"铁拳"进行胁迫，但如果那样，就背离了合作的本意，因为我们这里讲的合作是出于利己动机的主动配合与协调。因此，民主机制与平等待遇在合作社内部的建立就显得尤为重要。我们要让民主与平等的种子在合作组织内部生根发芽，成为农村股份合作组织持续稳定发展的决定力量。

推进农村股份合作组织民主化建设主要包括三个方面：一是建立和健全合作组织内部的民主化管理制度；二是为农村股份合作组织的成长提供一个民主化的环境；三是完善基层政权的民主化管理程序。

当前规范发展农村股份合作组织的首要任务就是完善合作社内部的法人治理结构，建立公正合理的利益分配机制，健全规范合法的财务管理制度。唯有如此，才能让农村股份合作组织成员逐步建立平等感，才能逐步培养合作社成员的民主意识。

鉴于农村股份合作组织是农民社员为获取合作效益而组建的利益共同体，因而重点要解决好利益分配问题，为做到这一点，合作组织应该根据制

度规定和会计业务需要，健全会计账簿，配备合格的会计人员。不具备条件的，可以本着民主、自愿的原则，委托农村经营管理机构或代理记账机构代理记账、核算业务。

（四）注重营造全社会范围内的合作文化氛围

解决"三农"问题不应该仅仅局限于在"三农"范围内，因为整个社会的文化氛围、价值判断都会影响"三农"问题的走向。当全社会都有强烈合作意识的时候，农民合作就有了深厚的合作文化土壤，就会对农村合作组织的建立起到促进作用。在全社会营造合作文化氛围就要对全民进行诚信文化教育，诚信是契约社会健康发展的重要条件。诚信对于熟人社会来讲基本不是问题，但对于陌生人来讲就是巨大的机会主义陷阱。无论城乡都应该通过各种形式的教育、培训、约束、制裁，帮助营造全社会的合作文化氛围。唯有如此，农村合作组织才可以健康茁壮成长。

（五）注重运用他组织方式引导农民合作快速成长

从理论上来讲，组建合作组织可以有自组织与他组织两种途径。自组织合作是靠成员之间的内驱动力自发完成的合作，他组织合作则是指由外部力量撮合而成的合作。这有些像男女青年谈对象，自主恋爱与他人介绍撮合都是可行的途径。一般来说，组织的成本越小，越倾向于自组织合作；反之，组织成本越高，越需要有第三方的介入与促进。政府应该扮演好这个"撮合者"角色，因为正如前文所述，农民合作是一个亦真亦假的命题，难度是客观存在的。除了政府之外，社会公益服务组织、优秀的企业家个人等也都是能够担任农村合作组织"撮合者"的重要主体。当然，基于中国目前发展的客观实际，各级政府是最具有必要性与可行性的他组织（撮合者）主体。因为政府不仅有政策资源、财政资源，还有优势巨大的组织资源。因此，在中国特色社会主义建设过程中，要最大限度地发挥政府的作用，积极稳妥地推进农村合作组织健康发展。当然，在社会文明进步到一定程度之后，公益组织可能会在其中扮演更加重要的角色。

(六)中国农村城镇化的基本路径是政治领域的社区自治和经济领域的社区股份合作

基于中国农村的历史和现状,在未来的城镇化过程中,村民自治委员会将会被社区自治委员会取代。社区自治将侧重于政治领域的公共事务决策、监督、执行,但是鉴于我国土地制度的特殊性和农村集体所有制的历史性,以集体资产、集体土地的量化和票证化为特征的股份合作将是实现农民从农村到城市发展的必由之路,它将为最终消除中国的二元社会结构和二元经济结构提供一个基本模式。详细情况在下章展开论述。

综上所述,我国的农村股份合作组织发展时间不算悠久,但发展历程几经波折,目前正焕发出蓬勃的生机。农村合作组织的组织创新、制度创新正在大量涌现,笔者相信在中国城镇化、工业化、农业现代化、信息化的过程中,农村合作组织必然发挥越来越重要的作用。

第八章

农村股份合作组织对城镇化进程的影响机制

近年来，学术界对城镇化的影响因素和动力机制已有很多研究，但这些研究大多是基于经济发展因素、政府规制因素、要素投入因素、产业结构变化因素等视角去研究城镇化的影响机制，迄今为止，很少有人从微观经济组织这个角度来研究城镇化的影响机制。本章要重点阐述的问题是：农村股份合作组织是怎样对城镇化进程产生影响的，会产生怎样的影响结果。

农村股份合作组织能否促进城镇化发展呢？我们不妨回顾一下在绪论中我们提到的我国城镇化过程中面临的主要困惑在哪里，然后看看农村股份合作是怎样帮助我们克服、解决这些困惑与问题的。绪论中我们已经分析过，城镇化是一个农村人口向城镇流动的过程，是农业产业结构转型升级的过程，是一个城乡一体化发展的过程。我们面临的主要困难可以归结为三个困惑，即困惑一：城镇化的本质是什么，如何统筹土地的城镇化和人的城镇化，如何帮助农民摆脱束缚，打通实现城镇化、现代化的途径；困惑二：在城镇化过程中如何促进第一、二、三产业的相互支持与转型升级；困惑三：如何帮助农民实现从熟人社会向陌生人社会过渡，实现城乡一体化发展。

第一节　农村股份合作组织对城镇化过程中农村人口流动的影响机制

如果我们对困惑一提出的问题进一步细分，则不难发现，人的城镇化、现代化问题其实也就是人能否从农村出得来、在城里留得下的问题。过去我国城镇化进展不够顺利主要就是因为这两个问题的牵绊，而农村股份合作组织正好为解决这两个问题提供了可行的途径。

一、影响农村人口进入城镇的主要因素分析

我们首先看第一个问题，农村人口能否出得来？过去计划经济时，人口流动政策非常严格，不仅有户籍制度的限制，还有其他行政法规的限制，即使是短期出行也需要有临时介绍信。后来，人口政策放松管制了，中小城市的户籍迁移也逐步放宽了，那么现在农民能否出得来呢？答案是顾虑重重，牵绊很多。

顾虑之一，农民承包的土地怎么办？自 20 世纪 50 年代以来，我国农村土地一直实行集体所有制，改革开放后，集体土地基本上是按人头分割为若干小块由村民承包经营。农民承包经营的土地不能买卖，但可以在一定范围内转包。这种土地管理制度意味着，土地是村集体的，农民是村集体的一员，农民拥有集体土地中的一部分产权，但具体是哪一部分则是不明晰的。这就带来一个问题，如果农民觉得自己一家束缚在几亩薄田上效益太低，想进城工作生活，那他就得想想他的地怎么办，卖是肯定不能卖的，种的意义又不大，放弃了又不忍。另外，相较于城镇人口有比较完善的社会保障而言，农民的承包地对农民而言还有一种社会保障功能，即农民的承包地可以保障农民的基本生存不受太大影响。因此，土地怎么办成为牵绊农民进城的一大因素。

顾虑之二，除了土地之外，中华人民共和国成立几十年来，农村多多少少会有一些集体财产，南方经济发达地区尤其如此。无论是人民公社时期

还是乡镇企业大发展时期，经济发达地区的农村集体都积累了不少财富，这些财富可能以标准厂房、写字楼、公共服务设施等方式存在，年租金即是一项稳定的收入。譬如，据笔者调查，2019 年，苏州农村集体总资产达 3046 亿元，村均集体可支配收入达 936 万元，农村居民人均可支配收入为 3.52 万元，城乡居民收入比缩小到 1.95∶1。根据苏州市 2020 年 3 月发布的《探索率先基本实现农业农村现代化三年行动计划》，到 2022 年，苏州农业农村现代化评价指标值基本达到现代化水平，城镇化水平达 80%，农业科技进步贡献率达 73%，村均集体可支配收入超过 1000 万元，农村居民人均可支配收入超过 4.25 万元，恩格尔系数保持在 24.5%以下[①]。在这种情况下，农民作为农村集体成员，他们就不可能放弃这笔稳定的收入，脱离农村进入城市。这种现状会使农民的流动受到一定程度的限制，也影响土地、人力资源等生产要素在更大范围内的优化配置。

因此，土地问题、集体财产问题成为决定农民能否出得来的关键问题。

二、农民能否在城镇留得下来的影响因素

我们接着再看第二个问题，农民进城后能否留得下来？进城后农民能否留得下来主要取决于他们能否适应城镇生活环境、工作环境、社会环境，能否获得可持续的生活来源和收入保障。影响因素可以概括为：收入因素、文化素质因素、工作技能因素。与农村生活相比，城镇生活会便利许多，就业机会更多一些，社会分工更复杂一点，契约意识更强一点，当然，挑战性、竞争性也更多一些；反过来，与城镇生活相比，农村生活生态环境更好一点，生活更安逸、闲适一点。二者相比，各有利弊。从整个社会发展趋势来看，农村人口向城镇流动是必然趋势。这一流动过程处理得好，社会就会和谐安定，经济就可实现可持续发展；如果这一流动过程处理得不好，社会就会动荡，经济就可能衰退。如果进城农民收入有基本保障，具备从熟人社会进入陌生人社会的基本应变素质，具备进入城镇工作的基本能力，那么他们就

① 新华网.苏州出台农业农村现代化“三年行动计划”[EB/OL].新华网.2020－03－22.网址：http://www.js.chinanews.com/news/2020/0322/194900.html

能够留在城镇生活。

三、农村股份合作是如何影响农民流动的

前面分析过,农民能否从农村转移出来,主要是看掣肘的问题能否解决。当农民组建土地股份合作社时,农民可以将承包土地入股到土地股份合作社,由土地股份合作社进行规模化生产、产业化经营、现代化管理,从而实现农村土地所有权、承包权、经营权的三权分置,以保障农民依法获得分红收益权。这样,农民可以凭借农村土地股份合作社股东的身份定期拿到分红收入。而且,这份收入大体与自我经营土地边际收入相等。通过土地入股的方式实现土地流转比私人之间的转租更稳定。土地股份合作社作为农民合作组织的一种,在政府部门进行注册成立,具有法人地位。因此,其确定性、合法性更有保障。农民作为土地股份合作社成员的身份一经确定,便不会受到农民居住地、从事职业等因素的影响,土地股份合作组织为农民进城提供了便利。因此,土地股份合作组织在解除农民的土地后顾之忧及帮助农民走出农村方面能够发挥比较大的作用。

另外,对农村集体财产这种影响农民流动的因素如何解决呢? 农村社区股份合作组织为解决这一问题提供了途径。当我们把农村集体财产折股量化,经过村民大会讨论决定后,根据每个村民的年功资历、贡献大小将集体财产按股份量化到每个村民头上,从而组建起产权清晰、权责明确、治理结构严谨的社区股份合作社,社区股份合作组织实现了农村集体财产的所有权、经营权、收益分配权三权分置。这样,在城镇化过程中,无论农民拆迁进入哪个城镇社区,他们所拥有的那部分集体财产份额是不会变的,他们可以通过合作社社员大会、理事会、监事会行使自己的所有者权益,定期享受分红收入。因此,农村社区股份合作组织为农民在城镇化过程中存在的集体财产方面的顾虑找到了解决路径,使农民可以放心进入城镇。

土地股份合作社的分红收入与社区股份合作社的分红收入共同成为农民的一份有保障的财产性收入,无论其是进城定居或是留在农村,这份财产性收入都可以在一定程度上减小城乡收入差距,提升他们的抗风险能力。对于进入城镇的农民来说,这份财产性收入只是保底收入,他们还可以通过

工作获得工资性收入或个体经营性收入。因此,农村社区股份合作社与土地股份合作社能够在很大程度上保障进城农民安心留在城镇适应城镇生活。

总之,农村股份合作通过量化、明晰集体土地与集体财产所有权,实现经营权与分红权的分离,使有意愿进城的农民出得来、留得下。这也在很大程度上回答了绪论中提出的第一个困惑,即通过农村土地股份合作与社区股份合作可以实现土地城镇化与人的城镇化的统筹发展。

第二节　农村股份合作组织对城镇化过程中城乡产业结构转型升级的影响机制

一、农村股份合作组织对农业产业转型升级的影响机制

长期以来,困扰我国农业发展的核心问题是农地的碎片化经营问题。小农经济只适合于生产力不发达的农业文明时期,现代农业绝大多数都是规模化、机械化、智能化的农业。一家一户几亩地很难让农民在土地整治、农机置备、科学种田上投入更多资金。因此,我国除东北地区有一些大规模家庭农场外,其他地区农业的商品化程度都很低。

我国农地经营碎片化问题是历史形成的。改革开放之初,为了克服人民公社时期农地集体经营"吃大锅饭"的弊端,我们采取了家庭联产承包责任制,实行统分结合的双层经营体制,改革农村土地经营模式,其核心思想就是通俗意义上的包产到户,即在保持农村土地集体所有制不变的情况下,先将土地细分,然后承包给全体村民去经营。将家庭承包这种经营方式引入集体经济,形成统一经营与分散经营相结合的双层经营体制,使农户既有了生产经营自主权,又坚持了土地等基本生产资料公有制和必要的统一经营。这种双层经营体制,在统分结合的具体形式和内容上有很大的灵活性,

可以容纳不同水平的生产力，具有广泛的适应性和旺盛的生命力[①]。这一举措确实在微观上搞活了农村经济和农业生产，使我国很快地解决了温饱问题。之后，这一改革举措作为我国乡村集体经济组织的一项基本制度长期稳定下来，并不断充实完善。

然而，家庭承包经营虽然有利于调动农民的生产积极性，但不利于扩大农业生产经营的规模。如何提升"统"的层次，实现家庭承包经营与农业适度规模经营的统一，一直是我国农业经营中悬而未决的问题。

当我们引入土地股份合作社之后，可以在不改变家庭联产承包责任制的基础上，让农民以土地承包经营权入股，改变过去的小农经营模式，实现土地的规模经营，从而解决长期困扰我们的问题。不仅如此，土地股份合作社使过去细碎化的土地得以集中连片，节约了沟、垄占地和各家各户的公用道路占地，使耕地面积增加5%～10%；土地股份合作组织使滴、喷、灌技术得以普及，使大型农业机械得以广泛使用，使科学种植、养殖更易于推广；土地股份合作组织还解放了大量的农业劳动力。总而言之，农村土地股份合作组织促进了传统农业向现代农业转变，提高了农业总产量，提升了农业生产效率。

这里有人或有疑问，土地股份合作社一定可以实现规模经营、自主经营吗？会不会走上人民公社时期的老路呢？从苏南地区目前的实践情况来看，这种担心的情况应该不会发生。因为，据笔者调查的近40家土地股份合作社来看，除苏州昆山市千灯镇、吴中区临湖镇湖桥村的土地股份合作社实行集体经营外，绝大多数的农村土地股份合作社均采用二次分包的方式将土地分包给单个家庭经营。具体做法是，土地股份合作社将农民入股的土地整治好之后，根据实际情况将土地分割成若干块适宜规模经营的连片土地，然后把这些土地拿到苏州农村产权交易中心系统进行公开竞价招租。土地受让方拍得土地后，实行家庭农场的经营模式。

我们可以看个实际的例子。下面的网页截图（图8-1）反映的是土地股

① 中共中央．中共中央关于进一步加强农业和农村工作的决定[EB/OL]．中国网．2008－04－10．网址：http://www.people.com.cn/GB/shizheng/252/5089/5105/5191/20010429/455924.html

份合作社与家庭农场的相互关系。2020年4月17日，张某某通过苏州市农村产权电子交易系统，以1000元/亩/年的价格，竞得常熟市支塘镇枫塘农地股份合作社农业用地200亩，用于经营家庭农场。200亩的家庭农场虽然无法与美国动辄数千亩的大农场相比，但与以往每家每户只有几亩地的家庭经营相比，确实是一种进步。家庭农场保留了家庭经营的高激励性，又在一定程度上实现了规模经营。这将是我国今后主要的农业经营主体。如果没有土地股份合作社的存在，农村家庭农场依靠农村自发的土地流转就很难建立起来，或者即便暂时建立起来了，今后也无法稳定经营；反过来，由于有土地股份社的存在，原来拥有土地经营权的农民可以放心地把土地流转到合作社中，可以放心地去务工、经商，家庭农场主也可以免去一家一户去协商谈判的烦恼，直接面对合作社，面对可靠性、公信力非常强大的农村产权交易市场去实现自己的农场梦。因此，农村股份合作组织可以促使农业产业得以转型升级。

图 8-1　土地股份合作社与家庭农场

二、农村股份合作组织对城乡第二、三产业的影响机制

城镇化意味着城镇人口大量增加，农村人口也随之减少，意味着农业必须向城镇提供大量的农产品剩余，意味着农产品的商品化程度必须足够高。

一方面，土地股份合作社通过合理合法的土地流转促进了农村剩余劳动力向城镇转移；另一方面，土地股份合作社使得留在农村务农的农民获得规模经营的机会，使农业总产量和单位劳动力产量大幅提升，使农产品的商品化程度大幅提升，扩大了农产品向城镇第二、三产业供给，在提高了务农效益的同时，夯实了城镇第二、三产业的基础。

农村股份合作组织对农村第二、三产业的发展也有深刻影响。农村社区股份合作给传统的农村集体企业注入了现代企业元素。过去乡镇集体所拥有的企业或其他固定财产，名义上是集体所有，但现实中确实存在“所有者主体缺位”问题。当我们组织起农村社区股份合作社时，集体所有的企业、财产通过股份的方式使所有者权益清晰起来。并且，股份合作组织借鉴了股份制与合作制的优势，具有现代企业的雏形。这种组织方式有助于农村资产更加规范、高效地进入城乡一体的市场环境中，使其资源得到优化配置，提升了农村集体资产的使用效率，提升了农村管理者的市场经营意识。

另外，农村专业合作组织提升了农副业的专业化水平、市场化水平，使得农民能够抱团进入市场参与竞争，这必将会带动农村农产品加工、销售行业的兴起。在人流、物流、资金流加速流动的背景下，农村餐饮业、旅游业、销售服务业也得到更多的发展机会。因此，农村股份合作组织可以在很大程度上促进农村第二、三产业的繁荣。

总之，农村各类合作组织的兴起，必然会促进农村土地的有序流转和规模经营，提升农业机械化水平和农产品商品化程度，加大第一产业对城镇第二、三产业的支持力度，最终改变第一产业严重落后于第二、三产业的局面。因此，农村各类股份合作组织的发展有助于解决绪论中所提出的第二个困惑。

第三节　农村股份合作组织对城镇化过程中转移农民社会融入的影响机制

在城镇化过程中，农民面对着生产方式、生活方式、社会交际方式的重大转型，面对着由传统的熟人社会向陌生人社会的转型，面对着传统社会联系的瓦解和新的社会联系重建，农村股份合作组织是怎样解决这些问题的呢？本节结合苏州市枫桥街道的农村股份合作改革实践揭示其影响机制。

一、城镇化过程中农村股份合作对农民经济联系重建的影响机制：将熟人社会基础上的集体所有转变为契约精神基础上的股份合作

我国农村的经济体制是中华人民共和国成立以来逐渐形成并演化的，总体上实行统分结合、双层经营机制，土地等最重要的生产资料归村集体所有，村集体与农民之间有着难以割舍的经济联系，这种联系在沿海地区尤为突出。得益于先行一步的发展优势，沿海地区农村集体经济力量强大，拥有众多的楼宇、标准厂房等物质设施。这些经济成果是在中国特色社会主义政治制度前提下，利用集体的土地、资金、人员经过长期积累形成的，属于全体村民共同所有。这种建立在相互依赖的、农村熟人社会基础上的经济联系是互利、便利、稳定和自然的。但是，随着城镇化进程加快，这种传统的经济联系面临着瓦解与重建。城镇化首先面临着人口的集聚，这意味着农村人口由分散居住逐渐进入新型、大型社区居住，意味着农民在村集体经济中属于自己的那一份权益如何处置将成为一个现实的问题。问题的核心主要有两个，其一是权利如何保障，其二是运行如何监督。由于农村的拆迁与集聚是分批、持续的过程，原先基于村落的社会联系必然要重组，这给权利主张和监督带来不便。

农村股份合作就是将过去那种建立在乡土熟人社会基础上的集体经济联系，转变为适于松散型陌生人社会的契约精神基础上的股份合作。这种

转变对于破解城镇化过程中的诸多困难有重要意义。

我们不妨看看苏州枫桥街道重建农民经济联系问题的例子。枫桥街道在城镇化之前叫枫桥镇，下辖 24 个行政村。随着苏州城市的扩张，枫桥镇下辖的各村都面临着土地被征用、农民进社区、生活节奏城市化的现实问题。各村经济发展水平虽然有差异，但都面临着集体资产如何处置、农村向何处去的问题。2005 年，枫桥街道以村为单位，实施股份制改革，对集体资产进行清产核资，组建 24 个村股份合作社，将符合条件的 4 万农民以农龄为依据，折股量化，确权确利，把“共同共有”的集体经济改造为“按份额共有”的所有者共同体，农民分股不分产，分红不分本。股份合作社作出明确规定，村民现有的股份“生不增，死不减，可继承”。将农民与集体、农民与农民之间的经济联系显性化、数量化、契约化，为农民权利的主张、居住场所的流动奠定了基础，创造了条件。2011 年，枫桥街道以 24 个村股份合作社为出资主体，组建全市首个村股份合作联社——联枫建设发展有限公司，通过抱团经营，市场化运作，探索集体经济与富民工程和谐发展之路。该公司注册资金 3 亿元，已竞拍 3 幅地块建设富民载体——富康商业街和马涧商业项目。其中，富康商业街已建成投用，并实现 100% 招租，初期年租金 627 万元。产权明晰的联合公司使合作社获得可观的规模经济效益，可以确保农民获得持续的财产性收入，为农民安心在城镇生活提供了基本经济保障。

从这一典型案例中我们可以看出，农村股份合作社使农民过去建立在农村集体共有的经济关系转化为以股权法律关系形成的农民与集体、农民与农民之间的经济关系。

二、农村股份合作组织对农民思想观念体系重建的影响机制

在城镇化过程中，思想观念体系的更新与重建是农民必须突破的障碍。小农意识的破除，不仅需要各级农村组织的教育、示范和引导，更需要农民在实践中体会和把握。农村股份合作组织便是这样一个帮助农民更新思想观念的实践基地。同样以苏州高新区枫桥街道为例，他们不仅以农村社区股份合作社为平台开展多种形式的教育活动，向进入城镇的农民传授知识、

技能，帮助新居民开阔眼界，消除封闭保守的思想观念，代之以开放进取的思想观念，而且把农村合作组织看作破除小农意识，增强合作意识、公民意识的熔炉：农村社区股份合作组织强化和培育了进城农民的契约精神，理事会、监事会、股东大会的治理结构培育了进城农民的权力意识、参与意识；劳务股份合作强化和培育了农民的职业化意识和组织化意识。另外，农村股份合作组织的发展对我国社区自治有深刻的影响。因为农村股份合作组织的运行架构、决策程序、利益分配机制本身就涉及公民权利与义务关系，将其作为教材，可以帮助农民更好地认识和融入市场与社会。

三、农村股份合作农民由熟人社会向陌生人社会的影响机制

中国长时期处于农业文明社会，安土重迁是中国农民深入骨髓的传统，因此，从乡村熟人社会向城镇陌生人社会的转型过渡对农民来说是一个艰难而又具有挑战性的过程。如果放任其自流，则无异于西方的城市化，中国特色新型城镇化应该使这一转型过程平稳而有序。这时，农村股份合作组织的作用、价值就凸显出来了。农村股份合作组织在帮助农民由熟人社会向陌生人社会转型时，是从两个方面产生推动作用的。

首先，农村股份合作组织作为具有现代企业特征的法人实体，培育了农民的现代公民意识、合作共生意识，提高了农民进入城镇市场与社会的自身素质与能力。无论是农村土地股份合作社、社区股份合作社，还是农民专业合作社，它们都是建立在相互信任与合作和受保护的契约基础上的组织。它们不仅给了农民一份基本的收入保障，还培育了农民正确认识组织的作用，使农民认识到契约在现代社会中的规范作用，帮助农民正确认识权利与责任的对应关系，使农民在从农村向城镇过渡的过程中，强化对市场经济规则的认识，可以帮助农民尽快适应城镇社会，减轻他们对陌生人社会的恐惧心理。

其次，多种类型的农村股份合作组织在城镇化过程中具有整体迁移作用。也就是说，在乡土社会向城镇社会转型过程中，农村股份合作组织作为一个载体，使熟人社会中的人们结伴进入城镇，使城镇社会成为半熟人社会

而非纯粹的陌生人社会。从苏州实践来看，多种类型的合作组织将农民联系在一起，即便是脱离农村、进城上楼，绝大多数人也都可以进入同一个社区或邻近的社区，而且基本保持了原来村两委的组织架构，这样做有一个突出的优势就是，农民从传统的熟人社会环境向陌生人社会环境转型中，可以有一个比较可靠的中间过渡过程。因此，在城镇化过程中，由于农村股份合作组织的存在，帮助农民重新建立起延续传统的社会联系，让广大农民在安定祥和的氛围中，开阔了视野，增长了见识，实现了城乡一体化发展。

中国城镇化是一个农民既有社会联系瓦解与重建的过程。城镇化使农民原先那些基于农业文明和中国国情建立起的传统经济联系、社会生活联系、思想观念联系、政治联系面临着瓦解与挑战。通过发展各种类型的农民合作组织作为城镇化的重要载体，可以培育农民的合作精神、合作意愿、合作能力，从而化解农村“政经合一”给城镇化带来的困难。因此，从这个角度来说，农村股份合作社可以助力农民融入城镇社会，有助于解答绪论中提出的第三个困惑。

第四节　农村股份合作组织对城镇化进程产生影响的机制模型

前文我们分别论述了城镇化过程中农村股份合作组织对农村人口流动的影响机制、对城镇化过程中城乡产业结构转型升级的影响机制、对城镇化过程中转移农民社会融入的影响机制，将前述三个方面的影响机制绘制在一张图中，可以得到如下农村股份合作组织对城镇化进程的影响机制模型（图 8-2）。

在下图中，左侧的农村繁荣取决于农民的富足与农业现代化的发展。农民可以分为两部分，一部分为即将离开农村进入城镇的转移农民，另一部分为留在农村以农村第一、二、三产业来谋生的留守农民。在农村股份合作组织这一中介媒体作用下，转移农民拿着分红收入安心进城了，留守农民则因为生产的专业化、规模化、商品化程度提升而致富。农村股份合作组织还使农业摆脱小农经济束缚而进入现代农业发展轨道，对城镇第二、三产业形成强有力支撑。另外，农村股份合作还使农村的生产、加工、旅游服务等产业兴旺，提升了农民的产业素质和收入水平。从以上模型图(图 8-2)可以看出，农村股份合作组织在中国新型城镇化建设中发挥了不可替代的作用。

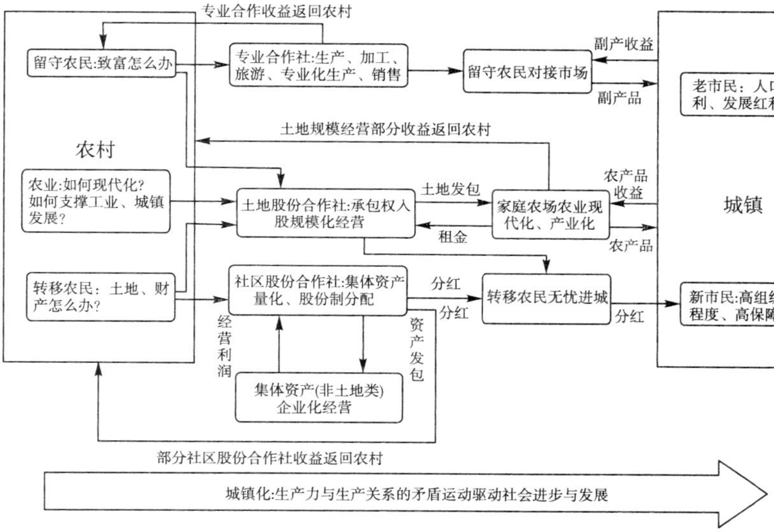

图 8-2　农村股份合作对城镇化的影响机制模型①

第九章

农村股份合作是中国特色新型城镇化道路的重要特征

中国作为一个既要以市场经济为主要配置资源手段，又要倡导全体人民共同富裕的社会主义国家，要想走出一条有别于西方、不同于拉美的中国特色城镇化道路，就必须在经济效益、共同富裕、集体观念、社会和谐稳定的结合方面做足文章。本章着重论述农村股份合作为什么将成为中国特色新型城镇化道路的重要特征。

第一节　农村股份合作组织在城镇化进程中的综合影响

一、提升了农村市场化程度，加速了小农经济解体

市场化程度既是区分城乡的一个标志，也是社会现代化的重要标志。市场经济最根本的特征是明晰产权，农村股份合作改革的关键正在于明晰产权。这些年来，农村股份合作组织通过明晰产权基础上的联合经营，打破了小农经济壁垒，在更大范围内优化配置农村的各类资源要素。农村股份

合作组织的出现，改变了农村经济运行机制，通过促进资源资产化、资产资本化、资本股份化，拓展了农村经济的发展空间，培育了发展载体，转变了经济增长方式，为沟通城乡之间的经济联系、优化资源配置创造了条件，实现了城乡之间大市场与小生产的有效对接，加速了小农经济的解体。另外，农村股份合作组织作为社会主义市场经济体系下的产物，对农民有着深刻的教育意义，正是这些组织培育了农民朴素的市场意识，为社会培育出适应社会主义市场经济环境的新型农民。

二、提高了农民组织化程度，为农民向城镇居民的过渡创造了条件

传统意义上的农民从来都是与自给自足、自由散漫等相联系的，这种特性决定了在由农业社会向工业社会的过渡中，农民是处于弱势地位的。从英国早期的“羊吃人”到近代南美贫民窟的大量涌现，都说明了“农民破产—流向城市—城市贫民”是大部分工业化国家农民在现代化过程中的处境变化规律。然而，苏州通过大力推进农村股份合作改革，创新了农村经济发展形态，实现了农村基本经营方式由“统”到“分”再到“合”的螺旋式上升发展。这种以股份合作组织为载体的“合”不同于计划经济时期的“合”，它是在充分尊重农民自主权（股）基础上的“合”，这种“合”提高了农民的组织化程度和市场主体地位，使其生产力得到大解放，使其抗风险能力大幅度提高。这种以股份合作组织为基础的“合”，形成了集体与农民持续共享资源增值收益的利益机制和持续增收的长效机制，使农民走上“家家有资本，户户成股东”的共同富裕之路，为农民向市民和农业工人的身份转变创造了组织条件。农民带股进城、带房进城、带保进城，最大限度地降低了社会变革所带来的不确定性和风险，实现了由农民向现代公民的有组织过渡。

三、促进了农民收入多元化，缩小了城乡收入差距

农村股份合作组织使农民脱离了小农生产，农民成了合作社的股东，成了农业工人，成了创业者，这种身份的多元化也使农民的收入呈现多元化趋势。近年来，随着农业生产进入规模经营时代和各种类型股份合作社收益

分配机制的完善，各地当年能够按章程进行股份分红的合作社数量逐年递增。据统计数据显示，来自农村新型合作经济组织的收入每年都保持了较快增长，是农民财产性收入的重要组成部分。

以 2018 年为例，根据城乡住户一体化调查资料显示，2018 年苏州农村居民人均可支配收入 32420 元，比全省平均水平高 11575 元，同比增长 8.1%，继续保持全省第一。城乡收入比由 2017 年的 1.962∶1 下降到 1.958∶1。农村居民收入构成中，苏州农村居民人均工资性收入 19212 元，同比增长 8.4%，增速比上年提高 0.1 个百分点，比城镇居民人均工资性收入增速高 1.4 个百分点；人均经营净收入 6037 元，同比增长 6.8%，比城镇居民人均经营净收入增速高 1.1 个百分点；人均财产性收入和转移性收入 7171 元，增速 8.6%①。农村新型合作组织的分红收入成为农村居民多元收入的重要、稳定组成部分。

四、实现了农业适度规模经营，提升了农业现代化水平

农村股份合作组织是有效整合农业资源和生产要素的重要载体，是加快现代农业发展的有效途径。以苏州为例，苏州通过发展土地股份合作，创新了土地流转形式，加快了农业用地向适度规模经营集中的步伐，实现了土地资源的合理配置。截至 2018 年年末，以农村股份合作为基础的现代农业园区、农业企业、合作农场、家庭农场已成为苏州农业规模经营的新型主体。设施农业发展势头迅猛，呈现逐年增加的良好态势。全市高标准农田总量累计达 184.9 万亩，高标准农田比重达 77.68%，居江苏省第一位。已经建成的高标准农田遍布 4 个市 5 个区 800 多个涉农村，实现了高标准农田建设乡镇全覆盖、涉农村覆盖率为 80%以上，农业生产条件、农田生态环境得到较大改善，也推动了现代农业的发展。2018 年，苏州市成功创建了 8 家高标准蔬菜生产示范基地，达到了“生产布局优、设施水平高、科技能力强、质量控制严、市场流通畅、整体环境美”的标准。此外，苏州市还建设了 17

① 苏州市统计局. 2018 年苏州农村居民收支情况简析[EB/OL]. 苏州市统计局网. 2019－03－01. 网址：http://tjj.suzhou.gov.cn/sztjj/sjfbyjd/201903/80a718877cf24718944cb09ddc0d4f05.shtml

家高标准田园小综合体，高标准池塘建设面积达 9.472 万亩[①]。同时，苏州市打造了 6 个种养结合、循环利用、产业融合、文化科普、智能管理的畜牧业生态发展样板场，推进规模养殖场提质增效和畜牧业转型升级。需要特别强调的是，这些成绩的取得均要以农村股份合作组织全覆盖为基础，否则，难以形成规模。

五、增强了农村集体经济实力，扩大了集体的社会影响力

富民离不开农村集体经济的发展壮大。农村股份合作经济组织的成长和发展，为市场经济条件下探索和发展集体经济找到了新路。在推进城镇化发展过程中，不断加强农村集体资产管理，加快股份固化改革，科学界定比例，规范收益分配，提高分红水平，使农民与集体形成更为紧密的利益联结机制，让股份合作经济成为农村集体经济的基本实现形式。尤其是社区股份合作社，把集体存量资产量化给农民，这样非但不会削弱集体经济，反而可以通过股份量化使农民直接参与管理，规范二次分配，保障了农民利益，调动了广大农民发展集体经济的积极性，确保了集体资产的保值增值。农村集体经济实力的增强使村集体在村民中的影响力、号召力空前提高，村、民互动进入良性循环轨道。

六、普及了基层民主，促进了农村管理民主化

农村股份合作组织是广大农民按照自己意愿建立起来的组织，民主、公开、公正、公平是必须坚持的基本原则。从资产评估量化分配，到合作社的规范化经营，都要在民主、法律的框架内进行。通过建立健全合作社章程和“三会(社员大会、理事会、监事会)”制度，并辅之以村务公开、民主理财，有效保障了农民群众的知情权、参与权、表达权、决策权，改变了过去农民无权参与管理、干部决定一切的状况，开辟了农村民主管理的新途径，把基层民主管理提升到了新的水平、新的境界，农村民主管理和农民权益保护发生了积极变化，党群、干群关系得到了明显改善，促进了农村经济繁荣和社会

① 本组数据来自苏州市农业农村局调研。

稳定。

以上6个方面对农村经济社会运行机制的影响从根本上改变了农村经济发展方式，优化了城乡之间的资源配置，解决了城镇化进程中产生的诸多矛盾，实现了农民增收，保障了农村社会稳定，促进了城乡之间的和谐发展。

第二节　农村股份合作是中国特色新型城镇化道路的重要特征

中国的城镇化过程是一个在中国特殊国情条件下农业、农村、农民现代化的过程，农村股份合作在其中起着载体作用、教育作用、组织作用，它是中国特色新型城镇化的重要特征。

一、农村股份合作使中国的城镇化呈现高度“组织化”特征

（一）农村股份合作提升了农民的“组织性”

前文已深刻阐明，农村股份合作组织是在中国社会制度条件自下而上、自东南而西北渐次兴起、推广的一种农村经济组织，主要有社区股份合作社、土地股份合作社、农民专业合作社、富民股份合作社、劳务股份合作社等多种形式。无论上述哪一种合作组织，都提高了农民的社会化、组织化程度，均成为中国现代化过程中，农民由乡入城、由务农改为务工务商的重要依托。它们支撑着农民带着股份进入城市、带着房子进入城市、带着社会保障（社保）进入城市，极大地降低了城镇化这种社会变革所带来的不确定性和风险，使农民在市民化过程中不至于过分担忧社会化失败带来的风险，是农民在城镇化过程中值得依靠和托付的强大组织。另外，农村股份合作组织对农民有着深刻的教育意义，它们可以使城镇文明、城镇意识、市场意识在组织内迅速有序地传播，可以使农民身份发生渐进式变革（农民、社员、股东等）。农民在各种股份合作组织的框架内，有序进入城镇，避免了盲目性，

增加了保障性，实现了由传统农民向现代公民的有组织过渡。

（二）“组织化”是中国新型城镇化道路区别于传统城镇化道路的特征

中国特色社会主义强调团体理性，强调共同富裕，强调社会稳定。中国特色的新型城镇化道路应该承接社会主义的基本价值观，实现农民进城的有组织整体过渡。中国已经实行了70多年的社会主义制度，一些基本价值理念已经深入人心。许多农民对集体有依赖惯性，而他们又缺乏对市场经济的深刻理解。因此，在这种前提下实现城镇化就必须照顾这种心理，尽可能实现农民向市民的有组织过渡，分散城镇化对个体造成的不确定性风险。远观英国的城市化模式，近瞧拉美的城市化模式，其本质都是自由放任、政府不作为，导致出现“羊吃人”或者出现大规模贫民窟等社会丑恶现象。这些现象是严重违背社会主义价值观的，是中国特色社会主义城镇化所不能接受的。另外，中国长期实行的城乡分治策略造成了一些农民市场意识差、公民意识淡薄、经济基础薄弱、抵御风险能力弱等问题。在城镇化过程中，如果政府缺乏组织与引导，这个由数亿农民构成的庞大群体必定会生出许多社会问题，并引起社会动荡。因此，在经济发展的基础上，通过基层政府、经济组织的有效引导，使广大农民有组织地实现城镇化是中国特色社会主义制度优势。当然，在组织化的过程中，要谨防以集体利益名义侵害农民个人权益的现象，要充分规避“委托一代理风险”，充分做好沟通与示范工作。

总之，这种依托股份合作组织统筹城镇发展，助力实现城镇化的方式在其他国家实现城市化的过程中并不多见。因此，农村股份合作成为中国新型城镇化过程中的一大特色。

二、农村股份合作使中国城镇化呈现以人为本的特征

（一）城镇化的本质是人的城镇化

城镇化的主体当然是人，“以人为核心”是城镇化的题中之义。因此，中国特色新型城镇化应该关注人的全面发展，要切实防范以城市为中心、以牺

牲农民发展权益为手段的城镇化。中国特色新型城镇化不能仅仅满足于让农民吃饱饭、住上楼、不闹事，还要充分考虑农民在城镇化过程中的思想意识、生活起居、社会保障、学习发展机会等人的发展因素，确保中国特色新型城镇化具有榜样示范作用。

(二)农村股份合作体现了城镇化过程中对人的尊重

为什么说农村股份合作体现了对农民的尊重呢？首先，农村股份合作在城镇化过程中保障了农民的财产权不受侵害。在城镇化过程中，农村股份合作组织将过去农民拥有的集体财产权变得可以量化、可以作抵押贷款等，提高了这部分财产的价值含量。其次，农村股份合作组织保障了农民的发展权。它不仅便利了农民的自由迁徙和进城安居，还使农民获得长期收益保障的权益，获得可持续发展的权益。再次，农村股份合作组织保障了农民的决策表决权。农村股份合作组织内部基本保留了传统合作组织“一人一票”的决策表决机制，限制了按股份大小来分配表决权的纯粹股份制。因此，可以说农村股份合作完全是城镇化过程中“以人为本”的经济组织载体。

特别值得注意的是，2017 年修订的《中华人民共和国农民专业合作社法》把多种形式的农村股份合作组织都纳入其调节范畴，允许合作社成员可以用货币出资，也可以用实物、知识产权、土地经营权、林权等其他方式作价出资加入农村合作组织。同时，新修订的《中华人民共和国农民专业合作社法》规定，合作社成员大会选举和表决实行一人一票制，成员各享有一票的基本表决权。出资额或者与本社交易量(额)较大的成员按照章程规定，可以享有附加表决权，但本社的附加表决权总票数，不得超过本社成员基本表决权总票数的 20%。这些都为农村股份合作组织更好地体现“以人为本”的特色，为实现中国特色新型城镇化提供了制度认可和制度保障。

因此，农村股份合作组织较好地体现了“以人为本”的基本原则，尊重了农民的基本权利，成为中国特色新型城镇化区别于传统城镇化的重要特色。

三、农村股份合作使中国城镇化呈现规范有序的特征

(一)中国特色城镇化应该是规范有序的城镇化

社会主义对集体理性有着高度要求,这种集体理性要求社会是规范的、有序的、可控的。因此,中国特色新型城镇化必须是规范有序的城镇化,这不仅是西方国家城市化过程中的教训,更应该成为中国特色新型城镇化区别于西方城市化的优势。从19世纪后半叶开始,当西方国家普遍完成资本主义的过渡之后,城市无序发展导致的社会公共危机此起彼伏,这些都迫使人们对自由放任的城市化模式进行反思。19世纪末期,英、法、德、美等国家已经逐渐形成控制私人城市用地与以公共投资改进市政建设相结合的城市发展战略理念。霍华德的"田园城市"等城市规划理论提出后,法国建筑师勒·柯布西耶1922年在《明日的城市》中提出,充分利用技术成就使城市集中发展的城市集中主义;美国建筑师赖特提出"广亩城市"理念。还有人基于城市功能要求提出如同心圆式的环状城市、"带形城市"、多核心城市、楔状结构城市等各种不同的城市布局形态。此外,20世纪城市规划领域还有两个重要成果,就是直到今天仍被奉为城市规划设计领域圭臬的《雅典宪章》和《马丘比丘宪章》。这两个宪章是对不同时期城市规划理论的系统总结,对全球各地的城市规划都产生了重大而深刻的影响。

(二)农村股份合作组织较好地统筹了"统分结合、双层经营"机制,保证了城镇化的规范性和有序性

以家庭经营为基础的统分结合、双层经营机制是现阶段我国农村的基本经营制度。农村股份合作组织是在这一制度框架下,对"统"与"分"的创新发展,它们既是家庭经营和集体经营模式的延伸与拓展,更是集体经营和家庭经营模式的有机结合,优势互补,以此形成合力,相得益彰。从"分"的视角来看,农村股份合作以"股"为途径,明确农民"分"的权益。有"股"在手,农民可以参与决策,可以分红受益,可以"用脚投票"。从"统"的视角来看,不管是社区股份合作还是土地股份合作,它们都脱胎于传统意义上的村

集体。集体的观念、集体的影响力、政府对集体的控制力是一种客观存在，这种存在对于农村社区贯彻政府城镇化的有关方针政策大有裨益。可见，农村股份合作组织具有“统分结合、双层经营”的特征，这种特征有利于农村在保持微观活力的基础上实现各级政府的城镇化发展规划。

因此，从农村股份合作在促进城镇化实现过程中的规划性、可控性角度来看，农村股份合作应该成为中国特色新型城镇化的一大特征。

四、农村股份合作使中国城镇化呈现公平公正、共同富裕的社会特征

(一)中国特色新型城镇化要求实现共同富裕

中国特色新型镇化道路要求在城镇化过程中防止赤贫阶层的产生，实现平稳过渡和共同富裕。在中国改革开放40多年的伟大实践中，如何处理效率与公平、先富与后富之间的矛盾一直是政界和学界争议的一个课题。新时期中国特色社会主义是一项前无古人的崭新社会实验，其主体价值观是由社会主义核心价值观与中国传统伦理价值观共同构成的，集体理性与共同富裕是中国特色社会主义价值观的重要体现。两极分化是社会矛盾和危机产生的重要根源。因此，政府虽然应该尊重市场对城镇化的选择，但也不能不作为、放任自流。政府要建立有效的控制和保障体系，确保不出现严重的社会分化现象；要善于利用政策、信息发布等措施，引导和规范城镇化进程。

(二)农村股份合作组织是在确保效率前提下，保障农村农民实现共同富裕的权利

农村股份合作组织是建立在传统熟人社会基础上的新型组织，一方面它有传统熟人社会的较强的道德约束；另一方面它又融合了现代企业制度的某些特征，它使组织成员能够兼顾彼此的利益，实现共同富裕。从苏州实践来看，农村股份合作确实能够实现快速发展与共同富裕的统一，形成集体与农民持续共享资源增值收益的长效利益机制，推动农民的职业分工，增加

农民的工资性收入、资产性收入、资本性收入，帮助苏州农民走上一条“户户有资本、家家成股东、年年有分红”的共同富裕之路。因此，农村股份合作组织拓宽了农民的收入构成，构建了农民持续增收的长效机制，降低了农民城镇化后可能的收入风险，为缩小贫富差距、避免两极分化，确保农民向城镇居民的平稳过渡作出了巨大的贡献。

由此可见，农村股份合作组织体现了中国特色新型城镇化所要求的共同富裕特色。

五、农村股份合作使中国城镇化呈现出高效率特征

（一）中国特色新型城镇化要求我们的城镇化过程是有效率的，是能够促进经济社会发展进步的

中国特色新型城镇化道路应该是建立在效率的基础上，没有效率就谈不上社会进步和发展。国内外发展实践，尤其是改革开放40多年来的经验告诉我们，在绝大多数情况下，市场配置资源是有效率的。因此，城镇化是农民进城镇的过程，也是小农经济被市场经济取代的过程。中国特色新型城镇化道路应该坚持市场对资源配置的决定性作用不动摇。农民的集中、土地的集中、工业的集中应该是市场导向下的集中，而非行政命令下的集中。城镇的分布、规模的大小既要有科学的规划，也要接受市场的选择。城镇化应该使全社会的资源配置更加高效。

（二）农村股份合作使城镇化过程中的资源配置保持了高效率

市场经济最根本的特征是产权明晰、权责明确。农村股份合作组织的重要意义在于明晰了农村集体资产、个人资产的产权、经营权、收益索取权（分红权）。农村股份合作组织吸收了股份制与合作制的优点，实现了资本联合和劳动联合，促进了权利主体与经营主体的有序分离。社区股份合作社和富民股份合作社使农村集体经济组织向产权明晰、权责明确的现代企业过渡；土地股份合作社使农业规模经营成为现实，促进了专业化生产和劳动分工；劳务股份合作社降低了劳动力交易成本，提高了劳动力议价能力。

农村股份合作使农村"资源资产化、资产资本化、资本股份化"，为拓展农村经济发展空间、培育发展载体、转变增长方式奠定了坚实基础，为沟通城乡之间的经济联系、优化资源配置创造了条件。总之，几种农村股份合作组织通过明晰产权、深化专业分工、扩大经营规模，使农村生产要素的利用效率较以往有很大提高。农村股份合作促使农村小农经济走向解体，扫清了工业化和城镇化发展的障碍。

随着产权明晰、决策民主、市场导向的农村股份合作组织日益走向成熟和规范，农村股份合作组织可以更加从容地面对市场竞争，获得较好的发展空间。近年来，农村股份合作组织不断加强农村集体资产管理，加快股份固化改革，科学界定比例，规范收益分配，提高分红水平，使农民与集体形成更为紧密的利益联结机制，股份合作经济已成为农村集体经济的基本实现形式。据笔者 2019 年到苏州市农业农村局调查获知，近年来，苏州市在农村产权制度改革方面不断探索，创新农村集体经济发展的管理体制和利益分配机制，多措并举，为村级集体经济发展增添了新活力。多年来，苏州市农村集体资产(农村股份合作组织的另一表现形式)持续稳定增长，一直位居江苏省乃至全国农村改革前列。根据 2018 年年末的调查统计结果，"苏州市 96 个镇(涉农街道)、1272 个村(涉农社区)的镇村两级集体资产总量达 1970 亿元，比上年度增加 130 亿元，增长了 7.07%。在 1970 亿元镇村两级集体总资产中，村级集体总资产 812 亿元，占比 41.22%。与此同时，资产构成也有所改善，据统计，2018 年全市村级集体净资产为 600 亿元，同比增长 7.14%。净资产超亿元的村达 115 个，总量合计 203.68 亿元，占全市村级净资产总量的 33.92%"①。2018 年，苏州市村级稳定性收入增长仍位于合理区间，全市村均稳定性收入为 850 万元，比上年度增长 4.29%。稳定性收入超过 1000 万元的村有 227 个②，基本与上年持平。张家港市永联村、吴中区天平村稳定性收入突破亿元大关，成为名副其实的"亿元村"。

因此，从经济效益角度来看，农村股份合作组织应该成为中国特色新型

① 陆晓华．苏州：力争 2020 年农村集体总资产超 2100 亿元[EB/OL]．人民网．2019—04—15．网址：http://js.people.com.cn/n2/2019/0415/c360301—32844787.html.

② 本组数据来自对苏州市农村工作办公室的调研。

城镇化道路的重要特征。

第三节 城镇化过程中发展农村股份合作组织应该注意的几个问题

一、城镇化过程中要防范“政社不分”，避免出现委托代理风险

前文已述，农村股份合作是中国城镇化过程中的重要载体。为了使农村股份合作社这一载体健康发展，在股份合作社外部，必须处理好企业与各级政府的关系，要实行政社分开。一方面，农村股份合作组织不是人民公社的翻版，而是面向市场经济诞生的新型市场经济主体。既然是市场主体，就应该充分按照市场规律来运作，尊重社员的主体意愿，遵循民主决策的一般原则，避免政府的过度干预，避免陷入新的“大锅饭”的尴尬局面；另一方面，我们还要防范民主监督与制约缺失，从而出现因合作社核心成员贪赃枉法蚕食合作社成员权益的委托代理风险。

在股份合作社内部，在股份量化到户的基础上，应该强化民主管理。农村股份合作组织的章程是组织发展的基本依据和根本保障，它从根本上规定了合作社成员的权利和义务，是合作社运行的“根本大法”。因此，我们要把合作社章程的制定与完备作为一件大事来抓，切实让章程的制定过程成为社员接受契约精神教育的过程，成为保障社会权利的过程，政府相关部门要在这个环节给予必要的把关，以保证各个主体的权利不受侵犯。在合作社运行过程中，要严格按照章程行事，贯彻民主原则进行重大事项决策。在财务收支方面，合作社应做到公开公正，自觉主动接受监督。只有如此，农村集体经济的民主化管理才能有效实现。同时，继续完善推进村规民约、村民代表大会制度、党员代表大会制度等制度，构建协调运转乡村治理的动态机制，以扎实推进农村基层民主政治建设。

关于合作经济，理论界的看法存在分歧。前面我们提到，早在 19 世纪

末，恩格斯在《法德农民问题》一文中就深刻揭示了小农经济的历史局限性及必然灭亡的命运，并提出建立农业合作社是解决这一矛盾的可靠路径。中华人民共和国成立后，我国农村土地制度的演变走了与西方国家不同的道路，基本上是按照恩格斯所指出的农业合作社道路演进的。在 20 世纪 40 年代末到 50 年代初期，我国先后在各解放区实行土地改革政策，基本按均田制的思想，剥夺了地主、富农的土地，分给了贫下中农，建立起小农经济。然而，这种状况并未延续太久，由于当时我国对社会主义建设的经验严重不足，但又急于求成，于是在 1953 年就开始了所谓的农业社会主义改造运动。从最初的互助组，到后来的初级合作社、高级合作社，“共有”的成分越来越多，“私有”的成分越来越少，于 1956 年基本完成了农业的社会主义改造。期间，具体负责农村工作的邓子恢同志便对合作社的发展质量有过担心。

1958 年后，人民公社运动兴起，仅仅用了短短几年时间，农民便从十足的小生产者转变为吃“大锅饭”、联合生产、生产资料公有制的社会主义新人。但是之后 20 多年的实践发展表明人民公社制度并不适合当时的中国农村，不能支撑农村现代化发展，需要改革。因此，许多人对整个农业社会主义改造运动，特别是对前期的农业合作社予以否定。笔者认为，这并不是历史唯物主义的科学态度。我国农业社会主义改造和农村集体经济发展中的教训，并不在于把小农经济转变为合作经济，而主要在于把农业合作社转变为人民公社。应该说，中华人民共和国成立初期对农民的改造方式主要是采取初级、高级合作社的方式，这是符合当时的生产力发展水平的。真正的错误在于后期急于求成，未尊重农民意愿，未尊重事物发展的一般规律，使得生产力与生产关系严重脱节。特别是建立人民公社制度，并将其作为集体经济的唯一实现形式，集中生产，统一分配，这是低效率的，也是完全错误的。

从本书调查的实际情况来看，苏州一些农村股份合作组织存在政社不分的现象，村两委与股份合作社的董事会、监事会、经营班子严重重叠。在村级合作组织中，由党支部书记兼任董事长，村民委员会主任和村会计则兼任股份合作社经理、监事、或财务总监；在镇或街道的合作组织中，一般由副书记或副镇长兼任合作社主要领导。这种现象在苏州出现有一定的必然性，因为苏州在经济社会发展过程中始终表现出强政府的特征。另外，在村民还未充分“觉悟”的情形下，党政推动的效果会明显一些。然而，合作组织归根结底是一个独立的经济组织，是一个有自己利益诉求的市场主体，基层党政组织的全面介入势必造成新的“政社”不分。而这些合作组织的控制者会利用治理结构的不完善为自己谋求利益，从而形成合作组织内部的委托代理风险，这将为合作组织的健康发展埋下隐患。

二、城镇化过程中勿揠苗助长，不“一窝蜂”搞股份合作运动

农村股份合作组织出现有其必然的经济、社会土壤，如果土壤不具备，条件不成熟，切勿“一窝蜂”搞股份合作运动。否则，可能会适得其反，劳民伤财。从当前的实际情况来看，在已经脱贫的地方、农民的基本生活得到保障的地方和农村社会保障已经比较完善的地方，土地股份合作组织可以按照自愿的原则进行推广示范，待农民切实认识到土地股份合作的利益后，这种合作形式必然会得到大发展，必然会对中国特色新型城镇化进程起到推动作用。社区股份合作组织目前在经济发达地区有较大推广应用价值，在经济相对落后地区，由于集体经济相对薄弱，社区股份合作缺乏必要的经济基础，应用价值则不大。当然，在面对集体建设用地被征用时，可以考虑成立农村股份合作组织，以保障农民获得持续收入能力。

根据对苏州基层乡镇村的调查发现，一些地方干部或出于政绩考核目的，或出于骗取政府财政支持动机，或出于盲目攀比、跟风的心理，提出了超前的、不切实际的农村合作组织发展目标。这就导致一些合作组织徒有虚名，重形式而轻内容，重数量而轻质量，成为所谓的“空壳合作社”。这种合作组织的成立不是出于农民自我发展的客观需求，而是越俎代庖、沽名钓誉的结果，其生命力必然受到质疑。长此以往，这些合作组织可能会使农民丧失对政府的信任，可能会重蹈“大跃进”的覆辙。因此，目前合作组织的发展应该从数量扩张型转入内涵建设型。在对“空壳合作社”的调查中发现，农村专业合作社造假的成分比较多，茶叶合作社、枇杷合作社、杨梅合作社等

专业合作社虽然名义上存在，但有近一半的专业合作社没有实质合作内容；反过来，绝大多数土地股份合作社、社区股份合作社、富民股份合作社名副其实，有制度、有实体支撑。因此，各地应该更加关注股份合作组织的成长，严格控制专业合作组织的发展数量，加强对农村合作组织的过程管理。

三、城镇化过程中要注重对农村合作组织实施长效激励

农村股份合作组织首先是一个经济组织，其次才是一个社会组织。既然是经济组织就必须考虑生存和发展利益。社员首先是经济人，其次才是社会人。农村股份合作组织要想保持长期稳定可持续发展，就必须面向市场自主经营，并且将营利利润以合适的途径返还给社员。如果农村股份合作组织长期看不到分红，或者分红太低，将严重影响合作社社员对合作事业的观感与认同。

从调查的情况来看，苏州一些合作组织发展势头确实不错，集体实力得到飞速发展。然而，即便是发展势头很好的合作组织，其分红也很低。一些合作社社员对合作社的经营状况不了解，因分红收入占其家庭收入比重太轻而不看好农村股份合作组织。据笔者调查，有约30%的农村股份合作组织因分红太低，得不到社员的认同。另外，随着近年中国经济增速放缓，农村股份合作组织对农民的收入贡献率也有所下降。调查显示，绝大多数村落（涉农社区）农村合作组织的分红收入在农民收入中的比重不足10%。当然，有一些农村股份合作组织的分红收入还是相当可观的。

分红太低是目前合作社的共性问题之一，究其原因可能有二：一是合作组织为了做大做强，将盈利转为资本金，扩大了股本，增加了合作社社员的资本金；二是将盈利转为公益金或其他支出（譬如，一些农村将股份合作组织的营利用于村级道路维护、公共设施维护、村级福利发放等村级公共服务）。不管哪种情况，都存在着沟通不畅的现象，影响了合作社社员的积极性。

四、城镇化过程中农村股份合作组织要及时拓展经营领域

在农村新型合作组织中普遍存在经营领域狭小的问题，合作组织的转

型升级应当纳入长期发展战略之中。目前来看,土地股份合作社发展势头较好,以引入现代农业、高效农业、有机农业为主,呈现多样化错位竞争态势。对社区股份合作社与富民股份合作社而言,存在着同质化、低水平竞争的问题。这些合作社大多是在做“地主”经济,以置物业、盖厂房、搞出租为其主要经营手段。另外,劳务股份合作社则主要是经营以物业管理为主要内容的劳务派遣。仍以苏州为例,在苏州土地开发强度超过40%的条件下,其发展空间必然受到局限,合作组织面临着发展转型的问题。

在农村合作组织经营领域拓展方面,前文举过吴中区湖桥集团的例子。吴中区湖桥集团是全国第一个农民集团,它作为一家以农村股份合作组织为投资主体的现代企业,把经营领域扩展到土木建筑、房地产开发、文化旅游、物流管理等许多非农领域,这是城镇化过程中农村合作组织发展壮大之后的必由之路。目前湖桥集团的部分子公司在业务拓展上都取得了骄人业绩,已经在筹组上市。笔者认为,在农民进入城镇的初期,农村社区股份合作组织对农民起着一种保护作用,但是随着城镇化进程越来越深入,当转移农民顺利完成角色转换稳定下来之后,当转移农民具备现代社会素质、能够承担市场风险的时候,农村股份合作组织最终将转型为现代企业,独立面向市场参与竞争。适时拓展社区股份合作经营领域,可以促成这种转换得以顺利完成。

五、探索农村股份合作组织股权构成方式改革

目前运营较好农村新型合作组织的股权普遍具有封闭性和高福利性的特点。股权相对稳定,有其有利的一面,也有不利的一面。利的一面表现在群体意识较浓郁,责权利边界分明,熟人社会下的道德风险较小;不利的一面主要体现在股权激励不足,不能吸收外部的高流动性资本,不利于提高资本效率,不利于组织快速成长。因此,笔者认为,我国可以在城镇化程度较高的地区,在一定范围内进行农村股份合作组织股权的非封闭改革,允许合作组织股权在一定范围内流动,通过市场压力的传导机制,提高农村股份合作组织的内部活力与外部压力。

六、确保农村股份合作组织在法律框架下理性运作

虽然我国在2007年已经开始实行《中华人民共和国农民专业合作社法》，但其中所述的专业合作社与我们目前的农民股份合作社在内涵上有很大差异。因此，2017年全国人大对《中华人民共和国农民专业合作社法》进行了修订，但有时候法律总是落后于现实需要的。目前农村新型合作组织地位仍很尴尬，说企业不是企业，说专业合作社不是专业合作社，在经营资质、经营领域、税收等方面缺少法律规范，存在许多不确定性，不利于农民合作组织健康发展，不利于缩小城乡收入差距。

从各地的实践来看，有些地方把它归类于农民专业合作社，用农民专业合作社法去规范它，有些地方则把它归类于企业法人，用公司法去规范和要求它。两种归类都有合理的一面，也有不合理的一面。从它的构成主体看，它都是由农民或失地农民组成的，它存在的直接原因都是农民互助合作、抱团取暖。从这个角度来看，把它归类于农民专业合作社是合理的。从它的组织方式与经营内容来看，它都是农民以集体资产所有权、土地承包经营权、资本金、设备等入股形成的，与有限责任公司的组建方式极其雷同。因此，从这个角度来看，用公司法规范它也是合理的。每种合作形式都有其特定的存在价值，但它们的共同之处都在于，产权清晰、权责明确，具有现代企业的雏形。

七、城镇化过程中要以股份合作保护农民而非伤害农民

在当今的城市化进程中，关于不能剥夺农民的呼声愈演愈烈，集中反映在土地征用、拆迁安置和平调集体资产等方面。其中，土地征用领域的问题最为突出，反映也最为强烈。土地是农民是赖以生存的最基本生产资料，是农民最主要的生活保障和财产权利。因此，各级政府不能简单地以一纸规划或其他手段强行征用农民土地。过去就不应该，现在不允许，未来更应坚决制止。早在100多年前恩格斯就讲过"不能剥夺农民"，即便是对中农、大农也"不能采用暴力方式剥夺"，"不论有无报偿，都是一样"。然而，现实中我们一些地方政府官员出于追求政绩需要和土地财政的需要，大肆圈占农

民土地，一纸批文就让大量农民“被上楼”。表面上来看，征地是给了农民一些补偿，但农民的长远利益却未必得到保障。因此，因征地搞出许多上访事件。甚至有些地方通过土地股份合作来减少征地阻力，通过买通合作社决策人员侵犯一般社员的利益，这是不足取的。

为了引导地方政府集约用地，同时确保18亿亩耕地保护红线不受影响，国土资源部在2008年正式颁布《中华人民共和国城乡建设用地增减挂钩管理办法》，其实质是允许农村建设用地地块和城镇建设地块挂钩互换。即如果农村整理旧日的建设用地，并将其复垦为标准农田，那么允许该村将节约的建设用地指标转换到城镇去，增加城镇相应数量建设用地，最终实现建设用地总量不增加，耕地面积不减少，此即为“增减挂钩”。在这一政策驱使下，各地为了换取城镇建设用地指标，纷纷迫使农民搬出平房，“被上楼”集中居住，以便将农民的宅基地复垦为耕地，以增加可用于置换的建设用地指标。许多地方打着新农村建设、城乡一体化、美丽乡村建设、旧村改造、乡村振兴等漂亮口号，纷纷开展规模浩大的“拆村”运动，以获得高额的土地收益；当然，这种现象是建立在我国特有的土地市场条件下的。因为，政府是农村土地市场的唯一买主（过去农村建设用地不能直接入市，只能被政府征用）和城镇土地市场的唯一卖主。这种不合理的土地市场让中国土地市场成为异类市场。

在中国特色社会主义制度下，绝不应该将农村股份合作、城镇化建设变成剥夺农民土地，对农民造成二次伤害的“圈地运动”。在中国社会主义实践的70多年间，农村、农民对国家的贡献很大，但农业、农村、农民现在处于相对劣势的地位，我们的城镇化应该让农民享受到更多的实惠，只有这样才能得到广大农村干部群众的支持和拥护。关于现行土地征用政策是否损害、剥夺了农民既有的土地权益，社会各界还未形成定论。对于此问题应从立法与执法两个层面进行判断。这两个层面虽相互影响，但存在着本质的区别。于立法层面而言，争论的目的在于是否立法或修正法律法规，其能够对执法层面产生影响，但并不具备法律约束力，也不能要求实际工笔者予以实施。于执法层面而言，判断是否剥夺农民的唯一标准是依据现行的土地征用法律、法规。按照规定执行到位的便不存在剥夺情况，若是执行不到位则说明存在剥夺事实，这是过于形式上的论断。对于土地征用补偿标准是可以存在地区差异的，不能以甲地标准作为判断乙地是否存在“剥夺”的依据。地区经济发展水平高低、土地肥沃程度、距离市场远近、交通是否便利、劳动生产率高低等都会形成级差地租。虽说社会主义制度下已不存在土地私有制和私人之间租佃土地关系，因而也不存在原有意义上的地租，但是因土地级差而形成的土地级差收益（亦称社会主义级差地租）仍然存在。这说明在社会主义市场经济体制下，级差地租理论可以为市场经济服务，从而解释不同地区地价差异悬殊的原因，如上海的地价比苏州高，苏州城区的地价比县（市）区高，公开招标拍卖地价高于一般工业项目用地，并且此类土地实行的是国家征购流程，而不是征用的流程，因此土地补偿可不受相关法律的约束。

八、尝试探索土地增值收益分配机制

关于我国现行土地征用法律法规是否存在剥夺农民合法权益的不妥条款，社会上主要存在两种截然不同的意见。一种观点认为，现行的土地征用制度，从本质上来说，其利用现有的两级市场架构，合理地对集体土地所有权和农民土地使用权进行剥夺。国家以低价征用农地，转手以非农建设用地高价出售，通过价格剪刀差严重剥夺农民。近 20 年，全国被征用农地约 1 亿亩，任意拿走农民财产不计其数。据 2019 年年初财政部最新数据显示，2018 年尽管土地市场热度正在减退，但这无碍卖地收入创新高。“2018 年，政府地方性基金预算本级收入 71372 亿元，同比增长 23.8%，其中土地使用权出让收入 65096 亿元，同比增长 25%”[①]。应该承认，2018 年出让的土地中绝大多数是从农民手中低价征来的。因此，许多学者认为应当对现有的《中华人民共和国土地管理法》进行根本性修改。另一种观点认为，我国土地管理法规定，征用土地的补偿费按该土地被征用前 3 年平均年产值的若干倍计算，这是完全符合土地定价原理的。至于按多少倍进行计算最

① 楼兰．2018 年全国卖地收入 6.5 万亿元创历史新高[N]．中国消费者报．2019－02－15(06)．

为合适，则是权威土地估价机构应深入研究探索的问题。至于第一种观点所认为的“剪刀差”一说，他们认为土地性质的转变所带来的巨额增值，是由国家和社会的发展带来的，因此所产生的增益也应当回馈于国家和社会。国家出让非农用地所得，取之于社会，用之于社会是无可厚非的，从而“剥夺农民”这一理论自然也就不成立。两种意见孰是孰非，争论已久，依笔者看来，第一种意见更符合实际情况，土地征用制度应该在今后的实践中加以改革和完善。

2019 年 8 月 26 日，全国人大常委会第十二次会议审议通过了《关于修改土地管理法的决定》，新修订的《中华人民共和国土地管理法》自 2020 年 1 月 1 日起施行。这次修改土地管理法，是对长期以来学术界关于中国土地市场畸形质疑的回应。该次修法一方面坚持土地公有制不动摇；另一方面坚持农民利益不受损，同时要保障中国粮食生产安全。在这么多约束条件下，新修订的土地管理法强调要集约使用土地，依法保障农村土地征收、集体经营性建设用地入市、宅基地管理制度等改革在全国范围内实行。这次修法最大的亮点莫过于允许农村集体建设用地直接入市，对这类土地入市的条件、程序作严格规定。其效果如何等待 2020 年实行之后再作评估。不过，有一点可以肯定，农村土地股份合作社、社区股份合作社将在农村集体建设用地市场直接入市方面发挥巨大作用。

关于中国农村土地问题，本书认为，在新型城镇化建设转型期，传统土地管理制度面临越来越严苛的挑战，农村土地、集体经营建设用地、宅基地“三块地”改革迫在眉睫，必须推进集体经营建设用地的市场化流转、宅基地的确权颁证，确实做到城乡建设用地的同地同权。第一，18 亿亩基本农田红线不可动摇，要用农村土地股份合作社保证国家粮食安全。对于基本农田的占用，一定要做到占一补一，先补后占。在全国范围内推广土地股份合作社，通过土地股份合作社实现农业规模经营，实现农业现代化，确保国家粮食安全。第二，宅基地是农民的社会保障，要赋予农民以土地市场价格流转宅基地的权利，其利益归农民所有。第三，在农村建设用地准予直接入市之后，仍然保持招、拍、挂的方式出让土地，以确保建设用地出让的效益最大化。至于建设用地出让收益，建议由社区股份合作社作为代理人进行分配与投资。其中,不少于三分之一的土地出让金交由当地社保基金设专门账户进行稳健投资,并给合作社近期返利。其余的三分之二由合作社理事会审议,进行适当的投资与现金分配。这些决策应该做到公开透明,让全体合作社成员心知肚明,有充分表达意见的机会和途径。

第十章 基于农村股份合作的新型城镇化有助于中国实现现代化

第一节　农村股份合作与新型城镇化的逻辑关系

站在新时代前沿，回顾历史，比较当今，我们应该清醒地认识到，城镇化的道路不止一条，城镇化的模式也并非一种，不同的社会背景与历史文化应该有不同的城镇化模式选择，关键是要找到最适合自己的那一条道路。

马克思主义经典作家给社会主义国家城镇化指明了大方向，提出了总的原则要求，但具体的实践过程千差万别、不一而足，需要我们在实践中探索总结。恩格斯的《法德农民问题》、列宁的《论合作制》这两篇著作提出的以农村合作为载体实现社会生产力发展进步的思想，对当今的城镇化及农村股份合作改革具有指导意义。

农村股份合作组织融合了传统合作社中的劳动联合与现代企业普遍存在的资本联合两种要素，成为一种建立在熟人社会基础上的新型农村合作组织。农村社区股份合作社解决了权力主体分散与集体经营的矛盾，农村土地股份合作社解决了家庭联产承包与适度规模经营的矛盾，农民专业合作社解决了农民致富期待高与抵御系统性风险能力不足的矛盾。

苏南地区在社区股份合作、土地股份合作、富民股份合作、劳务股份合作、农民专业合作等合作组织的设立、运营、管理等方面走在前面，有许多经验教训值得各地借鉴。农户提供资产份额、土地经营权或资本入股，联合组成具有产权清晰、权责明确、互助合作性质的股份合作组织，统一面对城镇化过程中市场对农业、农村、农民的冲击，将单一小农经济转变为集体股份经济，从而保护农民的利益。"股份"使农村集体产权明晰、资源集聚，促进权利主体与经营主体的有序分离，调动劳动者和经营者的积极性，促进农民收入多元化；"合作"提高了农民组织化程度，保持了单个农户家庭农业生产的优势，克服了小农经济的弊端，实现了资源的优化配置。

农村股份合作是城镇化过程中重新构建农民社会关系的有效途径。在城镇化过程中，农民传统经济联系面临瓦解：人口向城镇集中与集体财产不可分割性的矛盾；农民传统社会联系的瓦解：人口向城镇集中与户籍制度壁垒的矛盾；农民传统思想观念联系的瓦解：小农意识与公民意识的矛盾；农民传统政治联系的瓦解：宗族依附与民主政治的矛盾。农民股份合作可以通过契约精神基础上的股份合作、集中居住基础上的社区合作、"政经分离"基础上的文化合作、社区自治与政治合作，重新建立新型社会关系。

农村股份合作组织是中国城镇化过程中面向市场经济诞生的新型农业经营主体。该经营主体的存在价值主要体现在能够有效保障农民财产权与发展权，促进城镇化平稳有序进行。农村股份合作组织要注重拓展经营领域和开展长效持续激励，通过农村股份合作组织内涵建设和外部环境建设增强农村股份合作组织的市场适应能力和辐射带动能力。

在中国国情条件下，农村股份合作组织对破解城镇化过程中农村土地利用效率难题、农村人口转移难题、城乡经济结构转型升级难题可以发挥重要作用，农村股份合作将成为中国特色新型城镇化道路的重要特征。农村股份合作对中国城镇化的影响机制可以通过图 8-2 所示模型体现出来。

发展农村股份合作组织要注意循序渐进，避免"政社不分"，要通过建立明确的利益分配机制保障农民的合法利益和长远利益，维护中国特色新型城镇化持续、快速、稳定发展。农村股份合作组织可以从东向西、从发达地区渐次向欠发达地区分步推广。土地股份合作社可以适用于全国范围，社区股份合作社仅适用于集体资产充裕的发达地区，其他类型的股份合作要因地制宜。

要大力推广农村产权交易市场建设，使包括各种类型土地在内的农村资产价值显性化，并将资产收入返还给农村、农业、农民，允许农村股份合作组织作为农民利益的代表成为农村产权交易市场的主体。要在坚持土地公有制不动摇、坚持农民利益不受损、坚持最严格的耕地保护制度和最严格的节约集约用地的四项基本原则指导下，继续深化土地征用制度改革。要在2020年开始执行的《中华人民共和国土地管理法》允许农村经营性建设用地直接入市的基础上，逐步允许农民宅基地使用权上市交易，彻底实现农村建设用地的同权同价。

农村股份合作组织是在我国特殊国情条件下出现的，是对城镇化过程推动作用的过渡性组织，它将在中国现代化进程中存在较长的时期。农村社区股份合作组织未来的发展方向是建立现代企业制度，成为引导农民融入城镇、面向市场的独立经济主体。土地股份合作组织将与各类家庭农场一道成为中国农村发展过程中的新型经营主体。

第二节　我国农村股份合作组织与城镇化发展的展望

一、发展农村股份合作的政策环境日益完善

2019年中共中央一号文件指出：要“突出抓好家庭农场和农民合作社两类新型农业经营主体，启动家庭农场培育计划，开展农民合作社规范提升行动，深入推进示范合作社建设，建立健全支持家庭农场、农民合作社发展的政策体系和管理制度”；要“按期完成全国农村集体资产清产核资，加快农村集体资产监督管理平台建设……指导农村集体经济组织在民主协商的基础上，加快推进农村集体经营性资产股份合作制改革”；要“总结推广资源变

资产、资金变股金、农民变股东经验。完善农村集体产权权能，积极探索集体资产股权质押贷款办法。研究制定农村集体经济组织法”；要“健全农村产权流转交易市场，推动农村各类产权流转交易公开规范运行。研究完善适合农村集体经济组织特点的税收优惠政策”。这是中共中央在战略高度对中国未来农业、农村、农民发展路径作出的安排。其中，农民合作社作为新型农业经营主体被寄予了厚望，新型农民合作组织在“推进农村集体资产股份合作制改革”中的探索也被寄予了厚望。

从以上对中央一号文件的解读，我们不难看到：中央已经明确把家庭农场和农民合作社作为未来农业经营的新型主体来精心培育；第二，集体经营资产股份合作改革可以使资源变资产、资产变股金、农民变股东，这将为发展农村、对接城镇做好准备；第三，明晰农村产权，提升农村产权的流动性，建立农村产权交易市场，是激活农村活力的重要保障。这些政策主张都是前些年苏南地区先行先试的经验总结，也是众多学者多年来探索形成的共识。这些都为下一阶段农村合作组织创新发展创造了良好的政策环境。

二、农村股份合作的效果将日益显现

截至 2021 年年底，中国城镇化率已经达到 63.89%，未来 10 年是中国城镇化最紧要的关头，能否实现平稳跨越在此一举。从苏南地区城镇化实践来看，2020 年年末，苏州 GDP 总量达到 20170.5 亿元，位居全国地级市之首，“全市常住人口 12748262 人，城镇化率达 81.72%”[①]，这说明苏州已经基本平稳地走到城镇化的末期，这是值得欣慰的。在苏州近几十年的发展中，创造了包括“苏南模式”“张家港精神”“园区经验”“昆山之路”等一系列发展经验，在城乡一体化和城镇化改革试点中也探索了“三集中”“三置换”“三大合作”等发展模式或经验。尤其是在农村股份合作改革中，牵一发而动全身，既解决了农村的经营和发展问题，也为城镇化提供了一个可靠的载体，走出一条有中国特色的新型城镇化道路。

① 苏州市统计局. 苏州市第七次全国人口普查公报[EB/OL]. 苏州统计网. 2021－05－31. 网址：http://tjj.suzhou.gov.cn/sztjj/tjgb/202105/b1d0f2273878492eb4f65725b6930f8e.shtml.

中国地域辽阔，省际发展差距巨大，当东南沿海已经走到城镇化末期的时候，还有不少省市城镇化率不足50%。因此，在同一国情条件下的城镇化发展经验就显得尤其重要，非常值得借鉴。城镇化是一个综合性的社会现象，但从苏州实践来看，农村股份合作是促成平稳城镇化的关键因素。因此，笔者希望看到农村股份合作在中国特色新型城镇化发展过程中可以发挥更多、更大的作用。

三、以农村股份合作促进中国特色新型城镇化发展的时机已经到来

始于2019年年底的新冠肺炎疫情，给整个世界政治、经济带来深刻影响和变化，它所引发的全球范围内的衰退比2008年的全球金融危机还要严重，堪比1929年的经济大萧条。虽然我国通过举国抗疫的举措，取得不菲成绩，压制住了国内疫情，但在全球化形势下，世界经济、社会早已融为一体，只要有一国疫情得不到控制，都有可能死灰复燃。在国际贸易受到疫情及美国单边贸易主义双重影响下，我国未来较长时间内将面临着非常严峻的外部经济环境。此时此刻，城镇化对稳定中国经济、政治发展局面的意义尤为重大。中国庞大的人口基数、中国城镇化正在释放的巨量市场需求、中国完备的产业体系（现代化工业体系可以分为39大类，525个小类，中国是世界上唯一的联合国认证，具备完善39大类工业体系的国家，排在之后的是美国、俄罗斯、欧盟、日本）都为我们渡过难关奠定了坚实的基础。在这种情况下，以农村股份合作组织作为推动中国新型城镇化发展的抓手时机逐渐成熟。

四、中国特色新型城镇化必将助力中国梦伟大目标实现

20世纪80年代，党的十三大提出中国社会发展的“三步走”战略。即：第一步，解决温饱问题；第二步，进入小康阶段；第三步，用50年左右时间进入中等发达国家行列。党的十八大以后，习近平总书记在系列重要讲话中，逐步提出了“新三步走战略”。即：第一步，到建党100周年的时候，即到2020年要全面建成小康社会；第二步，到建国100周年的时候，即到2049年

实现社会主义现代化;第三步,在前两个100奋斗目标的基础上,实现中华民族伟大复兴的中国梦,这是近代以来中华民族最伟大的梦想。2020年是全面建成小康社会和“十三五”规划收官之年,也是脱贫攻坚决战决胜之年。中共中央已经作出翔实安排,确保全面建成小康社会的目标不打折扣、不留死角、不走形式。应该说新三步走战略的第一步已经基本走踏实,而第二步目标实现需要解决的重点任务就是城镇化问题和发展质量问题。我国部分发达地区已经作出了示范,下一步将积极稳步推进,相信我们可以通过大力发展农村股份合作,在确保土地公有制不变、农民利益不受损的条件下,走出一条不同于西方的,城乡和谐共生、居民安居乐业、经济协调稳定的城镇化道路;相信有中国特色的新型城镇化将给中国的工业化、农业现代化、信息化带来无穷动力,将为我们实现第二步、第三步战略目标提供有力保障。

参考文献

著作类：

[1]马克思，恩格斯. 马克思恩格斯选集[M]. 中共中央马克思、恩格斯、列宁、斯大林编译局译，北京：人民出版社. 1995.

[2]张淑英. 中国建制镇统计年鉴 2010[M]. 中国统计局出版. 2016.

[3]列宁. 列宁全集[M]. 中共中央马克思、恩格斯、列宁、斯大林编译局译，北京：人民出版社. 1984.

[4][美]戴维·沃德. 城市与移民：19 世纪美国变化的地理[M]. 纽约：牛津大学出版社. 1971.

[5][美]曼瑟尔·奥尔森. 集体行动的逻辑[M]. 上海：生活·读书·新知三联出版社. 1995.

[6][美]道格拉斯·诺斯，罗伯特·托马斯. 西方世界的兴起[M]. 北京：华夏出版社. 1989. 中共中央，国务院. 国家新型城镇化规划(2014—2020年)[M]. 北京：人民出版社. 2014.

[7]厉以宁：中国道路与新城镇化[M]，北京：商务印书馆. 2012.

[8] BIRCH E L, WACHTER S M. Global Urbanization [M]. Philadelphia: University of Pennsylvania Press, 2011.

[9]恩格斯. 英国工人阶级状况. 马克思恩格斯全集[M]. 中共中央马克

思、恩格斯、列宁、斯大林编译局译，北京：人民出版社. 1975.

[10]邓小平. 邓小平文选(第 3 卷)[M]. 北京：人民出版社. 1994.

[11]BAHL R W, LINN J F, WETZEL D L. *Financing Metropolitan Governments in Developing Countries*[M]. Cambridge: Lincoln Institute of Land Policy, 2013.

报纸类：

[1]李国祥. 中国为什么要走新型城镇化道路[N]. 上海证券报，2013－02－27.

[2]徐建明. 股份合作制彰显苏南模式新活力[N]. 人民日报，2011－06－03.

[3]顾玲. 吴中区临湖镇湖桥村集团化发展的新探索[N]. 苏州日报，2010－11－23.

[4]陆晓华. 我市创新探索土地入股集体经营新模式[N]. 苏州日报，2015－11－05.

[5]苏州市委农村工作领导小组办公室合作处. 苏州农村“三大合作”改革与发展情况(内部资料)，2010－2011.

[6]薄一波. 陈云同志的业绩与风范长存——为纪念陈云同志逝世一周年而作[N]. 人民日报，1996－04－10.

[7]刘士林. 什么是中国式城市化[N]. 光明日报，2013－02－18.

[8]刘恩东. 美国推进城镇化的经验[N]. 中国财经报，2013－01－12.

[9]袁源，仁际宇. 苏州城镇化路径：工商业崛起 就地“农转非”[N]. 证券时报，2013－12－31.

[10]楼兰. 2018 年全国卖地收入 6.5 万亿元创历史新高[N]. 中国消费者报，2019－02－15.

期刊类：

[1]白鸽. 中国县域城镇化存在的问题与对策思考[J]. 改革与开放，2014(01).

[2]何磊，曹钢.马克思主义经典作家的城镇化思想及启示[J].中共天津市委党校学报，2011(01).

[3]张占斌.新型城镇化的战略意义和改革难题[J].国家行政学院学报，2013(03).

[4]宋圭武.合作与中国农民合作[J].调研世界，2005(02).

[5]皇甫鑫，唐依.马克思恩格斯城乡思想对我国城乡发展的理论价值[J].改革与战略，2018(01).

[6]屈婷.马克思城市化思想的演进历程及其方法论特征[J].南开学报(哲学社会科学版)，2019(01).

[7]贺汉魂，许银英.城镇化背景下土地私有化的经济伦理批判——基于马克思的“私地悲剧”思想[J].甘肃社会科学，2017(09).

[8]马先标.百余年近代中国城市化历史回顾与探讨[J].内蒙古大学学报(社会科学版)，2017(03).

[9]宋煜凯.韩国城市化经验与启示[J].辽宁经济，2014(12).

[10]马先标.韩国城市化历史演变回顾[J].中国名城，2018(01).

[11]樊燕.他山之石可以攻玉—韩国城市发展经验论说[J].社会科学家，2014(02).

[12]陈颐.中韩城市化比较研究[J].江海学刊，2001(06).

[13]李林杰，申波.日本城市化发展的经验借鉴与启示[J].日本问题研究，2007(01).

[14]王莉.日本城市化进程特点及对中国的经验借鉴[J].安徽农业科学，2018(15).

[15]陈昭雪.英国城市化过程分析与启示[J].求知导刊，2015(04).

[16]李亚丽.英国城市化进程的阶段性借鉴[J].城市发展研究，2013(08).

[17]王登龙，郭立志.英国城乡统筹推进城市化进程的经验[J].当代经济管理，2007(05).

[18]高强.日本美国城市化模式比较[J].世界经济，2002(03).

[19]张莉，周年兴.江苏省城镇化水平与生态效率相互关系的实证研究[J].资源开发与市场，2016(10).

[20]徐莉.新型城镇化发展水平评价及其空间特征分析——以江苏省常州市为例[J].中国农业资源与区划,2018(06)

[21]单卓然,黄亚平."新型城镇化"概念内涵、目标内容、规划策略及任职误区解析[J].城市规划学刊,2013(02).

[22]曹玲玲,陈香.基于改进熵值法的发达地区新型城镇化综合水平测度——以江苏省为例[J].商业时代,2014(30).

[23]高艳.重庆市新型城镇化发展水平评价研究[J].建筑设计管理,2018(09).

[24]王滨.基于熵值法的中国新型城镇化水平综合评价与区域比较[J].商业经济研究,2018(20).

[25]汪冬梅.日本、美国城市化比较及其对我国的启示[J].中国农村经济,2003(09).

[26]赵淑娟.绥化市新型城镇化发展水平时空差异研究[J].西昌学院学报(自然科学版),2019(02).

[27]韩秀艳,孙涛.江苏省新型城镇化水平综合评价研究[J].江西农业学报,2016(05).

[28]郑恒钰.江苏省新型城镇化发展质量评价研究[J].区域经济,2019(04).

[29]于猛,宋家宁.我国城镇化模式研究综述——基于规模选择和典型模式推广的分析讨论[J].中国土地,2013(03).

[30]王曦,陈中飞.中国城镇化水平的决定因素:基于国际经验[J].世界经济,2015(06).

[31]张占斌.走中国特色的新型城镇化道路[J].经济研究参考,2014(08).

[32]张莉.马克思人本理念视域下的新型城镇化建设[J].改革与战略,2015(06).

[33]张爱华,黄小舟.新型城镇化质量评价与空间聚集效应检验[J].统计与决策,2019(17).

[34]康春鹏.中国城镇化发展的政策演变与研究综述[J].经济研究参考,2013(18).

[35]吴友仁.关于我国社会主义城市化问题[J].城市规划,1979(05).

[36]陆大道，陈明星.关于“国家新型城镇化规划(2014—2020)”编制大背景的几点认识[J].地理学报，2015(02).

[37]胡杰，李庆云，韦颜秋.我国新型城镇化存在的问题与演进动力研究综述[J].城市发展研究，2014(01).

[38]王春光.我国城镇化发展的“量”与“质”[J].人民论坛，2018(18).

[39]杨佩卿.新发展理念下新型城镇化发展水平评价——以西部地区为例[J].当代经济科学，2019(03).

[40]陈云松，张翼.城镇化的不平等效应与社会融合[J].中国社会科学，2015(06).

[41]王鹤，尹来盛，冯邦彦.从传统城市化到新型城市化——我国城市化道路的未来选择[J].经济体制改革，2013(01).

[42]王吉恒，张钊.新型城镇化测度及其耦合协调性对比研究——以中国三大城市群为例[J].江苏农业科学，2019(14).

[43]吕丹，叶萌，杨琼.新型城镇化质量评价指标体系综述与重构[J].财经问题研究，2014(09).

[44]张引，杨庆媛，李闯，杨孟禹.重庆市新型城镇化发展质量评价与比较分析[J].经济地理，2015(07).

[45]余江，叶林.中国新型城镇化发展水平的综合评价：构建、测度与比较[J].武汉大学学报(哲学社会科学版)，2018(02).

[46]方建国，陈廉洁.中国新型城镇化应“新”在哪里？[J].江淮论坛，2015(01).

[47]武前波，徐伟.新时期传统小城镇向特色小镇转型的理论逻辑[J].经济地理，2018(02).

[48]席婷婷.农村空心化现象：一个文献综述[J].重庆社会科学，2016(10).

[49]孔翎聿.智能城镇化[J].城市规划学刊，2018(04).

[50]孙瑾，郑凤田：关于中国农村社会冲突的国内外研究评述[J].理论参考，2009(04).

[51]刘文勇，扬光：以城乡互动推进就地就近城镇化发展分析[J].经济理论与经济管理，2013(08).

[52]王亚飞.对我国城乡一体化实现模式的探讨[J].经济纵横,2007(02).

[53]何睿敏."十四五"城镇化理论准备与战略规划[J].中国建设信息化,2020(02).

[54]贾彩彦.中国晚清时期城镇化的状况及思想[J].上海经济研究,2003(05).

[55]梁红秀,谭培文.近年来西方学者关于中国城市化研究述评[J].创新,2019(04).

[56] AKHMAT G, YU Bochun. Rapidly Changing Dynamics of Urbanization in China: Escalating Regional Inequalities and Urban Management Problems[J]. *Journal of Sustainable Development*,2010,3(2).

[57] KUNZMANN K R. Urbanization in China: Learning From Eeurope? A European Perspective[J]. *International Journal of Urban Sciences*,2015,19(2).

[58]SCHNEIDER A,CHANG Chaoyi,PAULSENK. The Changing Spatial Form of Cities in Western China[J]. *Landscape and Urban Planning*,2015.

[59]BERTAUD A. 1 Urbanization in China: Land Use Efficiency Issues[J]. *China Land Use Report 6*, Aug 30,2007.

[60]ZHANG Y S, BARNETT A S. Fiscal Vulnerabilities and Risks From Local Government Finance in China[J]. *International Monetary Fund*,2014.

[61]SICILIANO G. Urbanization Strategies, Rural Development and Land Use Changes in China: A Multiple-level Integrated Assessment[J]. *Land Use Policy*,2012(01).

[62] MOIR, H. Dynamic Relationships Between Labor Force Structure,Urbanization,and Development[J]. *Economic Development and Cultural Change*,1977(01).

网络资源类

[1]习近平.在纪念孙中山先生诞辰150周年大会上的讲话[EB/OL].央视网,2016－11－12.

[2]周建琳."十大"农民"集团"成立 苏南农村经济又创新模式[EB/OL].中新网,2011－05－21.

[3]吴敬琏.中国城镇化为什么有问题?[EB/OL].搜狐网,2016－05－20.

[4]中华人民共和国住房和城乡建设部.2016年城乡建设统计公报[EB/OL].中华人民共和国住房和城乡建设部官网,2017－08－22.

[5]朱镕基.关于制定"十五计划"建议的说明[EB/OL].新浪网,2000－10－19.

[6]胡锦涛.中共十七大报告[EB/OL].新华网,2007－10－19.

[7]国家发改委.2019年新型城镇化建设重点任务[EB/OL].新华网,2019－04－08.

[8]世界银行数据库.网址:https://data.worldbank.org.cn

[9]国家统计局.中华人民共和国2019年国民经济和社会发展统计公报[EB/OL].国家统计局官网,2020－02－28.

[10]习近平.承前启后 继往开来 继续朝着中华民族伟大复兴目标奋勇前进[EB/OL].新华网,2012－11－29.

[11]温家宝.2013年政府工作报告[EB/OL].人民网,2013－03－05.

[12]国家统计局.关于2019年粮食产量的公告[EB/OL].国家统计局官网,2019－12－06.

[13]冯煦明.改革开放四十年的九条经济学智慧[EB/OL].澎湃网,2018－12－13.

[14]宋圭武.中国农民合作问题研究[EB/OL].博客中国宋圭武专栏,2005－08－11.

[15]苏州高新区宣传部.2.22亿元红包送"股民" 高新区股份合作社分红再增18.6万[EB/OL].中国高新网,2019－02－27.

[16]苏州市统计局.2019年苏州市国民经济和社会发展统计公报[EB/OL].苏州市统计局,2020－04－17.